LA VRAIE SCIENCE

DES ARTISTES.

IMPRIMERIE DE C. J. TROUVE.

LA VRAIE SCIENCE

DES ARTISTES,

OU

RECUEIL DE PRÉCEPTES ET D'OBSERVATIONS,

FORMANT UN CORPS COMPLET DE DOCTRINE,

SUR

LES ARTS DÉPENDANS DU DESSIN,

dédié au Roi.

PAR M. LE CHEVALIER ALEXANDRE LENOIR,

Administrateur des Monumens de l'Église royale de Saint-Denis,
ancien Conservateur du Musée des Petits-Augustins, Professeur
d'Antiquités, Membre de plusieurs Sociétés savantes, etc.

TOME Ier — Ier PARTIE.

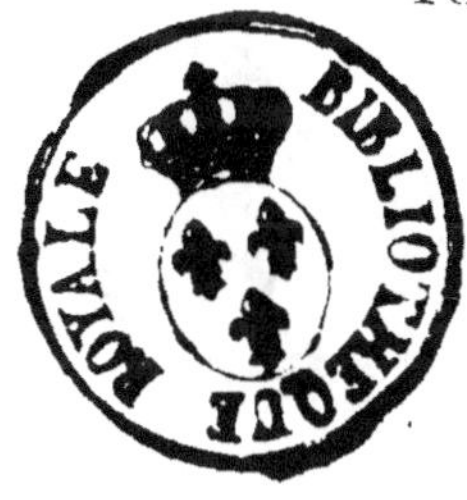

PARIS,

Chez B. Mondor, Éditeur des *Annales françaises*,
Boulevard du Temple, n° 45.

1823.

Au Roi.

SIRE,

J'ose offrir à VOTRE MAJESTÉ *la vraie Science des Artistes*, ou *Recueil de préceptes et d'observations*, formant un corps complet *de doctrine sur les arts dépendant*

du Dessin, ouvrage classique qui , je l'es-
père, pourra être utile dans nos écoles.

La bonté protectrice avec laquelle VOTRE
MAJESTÉ a daigné accueillir déjà mon *Atlas
des Monumens de la France faisant suite
à l'Histoire de Vély*, toute capable qu'elle
est de m'inspirer de l'orgueil , n'est pas
cependant le seul motif qui m'enhardisse
aujourd'hui à présenter encore à VOTRE MA-
JESTÉ ce nouvel ouvrage, fruit de mes longs
travaux commencés dans l'école de son premier peintre, le célèbre Doyen. Si Charle-
magne, saint Louis, François Ier, Henri IV
et Louis XIV, ont puissamment favorisé la
renaissance et la splendeur des Lettres,
des Sciences et des Arts ; qui sut mieux
leur prêter un salutaire appui que leur auguste successeur, le ROI , protecteur éclairé des Lettres, qui le consolèrent dans

l'exil, et qui le charment encore aujour-
d'hui sur le trône?

Je suis, avec le plus profond respect,

SIRE,

De Votre Majesté,

Le Très-humble, Très-Obéissant
Serviteur et fidèle Sujet,

Le Ch^{lier} ALEXANDRE LENOIR.

DISCOURS PRÉLIMINAIRE.

Un ouvrage classique manquoit à l'enseignement des arts dépendans du dessin;
nous pensons avoir atteint le but par la pu-
blication de celui que nous offrons à toutes
les personnes qui les professent comme à
celles qui, sans les cultiver, les chérissent
et acquièrent par - là une gloire solide,
parce qu'elles associent, en quelque sorte,
leur existence à celle des artistes. La France
a eu aussi ses Périclès, ses Mécène; et les noms
des Peiresc, des Colbert, des Julienne, des
Crozat, des Praslin, des Caylus, des Watelet,
de MM. Laborde et de Sommariva, seront toujours cités avec reconnoissance, et inscrits
à côté de ceux des peintres les plus habiles.
Élevé dans l'étude des Beaux-Arts, formé
dans la pratique du dessin à l'école de
l'un des professeurs les plus distingués de
notre Académie royale (1); admis dans la

(1) Gabriel - François Doyen.

ij

galerie de tableaux que le Régent avoit formée, non pas comme prince du sang ou
comme un simple amateur, mais comme
homme de goût et pratiquant lui-même la
peinture(1); je sentis par expérience le besoin d'une théorie écrite sur les arts du dessin, ce fut dans ce beau *Muséum* que je
méditai le plan d'un livre essentiellement
classique, qui pût servir de guide et conduire comme par la main le jeune élève.
Combien de fois, dans le cours de mes études, n'ai-je pas déploré moi-même l'absence

(1) Il y avoit au Palais-Royal, à Paris, plusieurs plafonds peints et composés par le régent. Ces peintures n'étoient pas sans mérite; et, si l'on avoit un reproche à faire
à l'auteur, c'étoit de se sentir du mauvais goût de
Coypel qui lui avoit donné des leçons. A l'époque où je les
ai vus, elles avoient tellement poussé au noir, que les ombres
et les demi - teintes se confondoient.

Le duc d'Orléans qui avoit des connoissances en chimie,
faisoit lui-même ses couleurs et s'en servoit. Selon les apparences, elles n'étoient pas bonnes. Son arrière petit-fils qui
a ordonné la démolition de cette partie de l'ancien palais,
par resp. et pour les talens de son aïeul, auroit dû peut-être faire
enlever ces peintures; elles pourroient servir à l'histoire de
nos arts, et seroient en même temps un objet de curiosité.
Le régent a gravé à l'eau-forte plusieurs vignettes pour un
livre de sa composition.

d'un ouvrage aussi utile! Ce que j'ai fait, nos professeurs auroient dû le faire; car l'art de dessiner, de peindre ou de sculpter, ne consiste pas uniquement dans l'imitation de la nature et dans le travail de la main, mais aussi dans la connoissance des sciences morales dont on doit faire l'application au sujet qu'on veut traiter.

C'est donc d'après les plus belles productions de Michel-Ange, de Léonard de Vinci, de Raphaël, de Corrège, de Titien, de Georgion, de Guide, de Carrache, de Rubens et de Nicolas Poussin (1), que j'ai formé mon esprit à découvrir les secrets de l'art, à connoître la véritable science; et c'est en comparant l'ouvrage d'un maître avec celui d'un autre maître, que je suis parvenu à écrire sur les parties constituantes de l'art de dessiner et de peindre,

(1) J'ai encore dans mon cabinet, une *tête de Madeleine*, de Guide, une *Vierge* et une *Sainte Famille* de Raphaël, une esquisse de Rubens et une tête de Titien, que j'ai copiées dans la galerie d'Orléans. J'ai donné à l'église roy.le de Saint-Denis une *Descente de Croix*, que j'ai également copiée dans la même galerie, d'après Louis Carrache.

et à former de mon travail un Code de doctrine sur cette matière. Chaque proposition est appuyée d'une comparaison qui lui est relative, puisée dans l'art lui-même ou dans une peinture reconnue pour être célèbre, et souvent le tableau d'un maître sert de démonstration pour plusieurs qualités essentielles à connoître ou à imiter.

Les *arts du dessin* formant la principale partie de notre travail, nous les avons divisés en quatre branches, et le dessin, ainsi que les parties qui le constituent, est le principe de chacune d'elles. La première condition que l'on exige de celui qui veut professer l'art de dessiner ou de peindre, est la connoissance de l'histoire ancienne et moderne, celle de la fable et des monumens de l'antiquité.

Nous avons fait connoître les divisions de la peinture ainsi que les différentes parties qui la constituent essentiellement. Ces parties, qui sont l'art de composer la scène ou le sujet que l'on veut peindre, celui d'en dessiner les figures, les accessoires, et de distribuer les couleurs pour en déterminer l'effet, sont définies séparément. Ensuite

nous examinons le clair-obscur qui est indépendant du coloris, les diverses manières
de produire de l'effet, et le maniement du
pinceau; enfin nous examinons le coloris
en lui-même.

L'art d'exprimer les passions, le geste ou
la pantomime, ainsi que ce qui constitue la
grâce, le beau et le style, toutes ces choses
essentielles à connoître dans l'art de peindre ou de sculpter, ont été les objets de
notre attention spéciale.

Le génie, l'imagination et la mémoire,
sont des qualités indispensables pour atteindre la perfection dans les arts du dessin,
et elles ont été complétement développées
dans notre livre. Nous avons également donné la définition de l'originalité et de la singularité par lesquelles des peintres, supérieurs aux autres, se sont distingués.

Par exemple, dans quelques morceaux de
Michel-Ange, considéré comme peintre ou
comme sculpteur, on remarquera du *génie,*
de l'*originalité*, même de la *singularité ;* les
motifs et les causes de ces différentes qualités sont développés séparément. Le tableau
du *Jugement dernier* de Michel-Ange, la

production la plus étonnante en peinture qui ait paru dans les temps modernes; les *Pendentifs de la chapelle Sixtine*, la statue de *Moïse*, celle du *Tombeau de Jules II*, et le groupe colossal de *Jésus mort, étendu sur les genoux de la Vierge Marie;* qu'il a fait en marbre pour l'église Saint-Pierre de Rome, sont particulièrement commentés et décrits dans notre livre, où l'on en fait valoir les beautés. Nous ne parlons pas, à la vérité, de la statue de neige, que Pierre de Médicis lui fit exécuter dans sa Cour, un jour qu'il avoit considérablement neigé à Florence; cette complaisance lui valut, de la part du prince, un traitement honorable et un logement dans son palais. Ce fut la première bonne fortune de Michel-Ange; il avoit alors dix-huit ans. Tout ce qu'il y avoit de connoisseurs dans la ville vint voir la statue de neige, qui passoit pour un chef-d'œuvre. Le même Médicis lui acheta son premier ouvrage en marbre; c'est une *Tete de Faune, riant aux éclats :* elle se voit encore aujourd'hui dans la galerie du grand duc. Le prieur de *San Spirito,* homme de beaucoup d'esprit, voulant favoriser le génie naissant du jeune Buonarotti, lui donna une salle particulière dans son couvent, et lui fit fournir par l'administration des hospices, des cadavres sur lesquels Michel-Ange se livroit sérieusement à l'étude de l'anatomie: cette étude est ce qui caractérise le plus particulièrement son dessin, qui est tout-à-fait étranger à celui des autres peintres de son siècle.

Dans les productions de Raphaël, on remarquera un génie élevé; la grâce, l'attitude et le geste des figures, et le beau idéal du dessin; car, pour arriver à cette dernière perfection de l'art, il avoit étudié les beautés des statues antiques. En parlant des qualités nécessaires à la composition, on n'a pas négligé l'examen et la description des superbes tableaux d'*Héliodore battu de verges*, et de l'*Ecole d'Athènes*. Le prince des peintres sera également proposé aux étudians, comme ayant mieux entendu que les autres les allégories morales : à ce sujet, on décrit son beau dessin de *la Calomnie* (1), renouvelé de celui d'Apelles, d'après la description de Lucien , ainsi que son tableau représen-

(1) Ce dessin précieux se voit au cabinet du Roi.

viij

tant le *Triomphe de l'Amour sincère* et la *Punition de l'Amour vénal*, sujet que l'on a pris jusqu'à présent pour un autre. A ces peintures admirables, on opposera le génie vaste de Rubens pour les allégories poétiques ou historiques. Les tableaux de la *Vie de Marie de Médicis*, de l'*Apothéose de Henri IV*; ceux de *la Chute des Anges rebelles* et du *Jugement dernier*, seront placés à côté des précédens, pour faire mieux ressortir les nuances qui caractérisent chaque génie, et faire connoitre particulièrement leur manière de s'exprimer. Raphaël est supérieur dans la composition des arabesques: un article lui a été consacré à ce sujet; on y décrit ceux qu'il a peints au Vatican.

Jacques Callot est cité pour son génie burlesque, et son originalité facétieuse; David Teniers pour ses expressions ingénues, la variété de ses poses et la vérité champêtre de ses gestes: on examine les productions des deux peintres. Titien possédoit le génie du coloris au premier degré, ainsi que Paul Véronèse, son disciple; tous deux étalent un luxe théâtral dans les sujets de fêtes ou de magnificence qu'ils ont peints:

d'autres les appellent *tableaux d'apparat*. Rubens, considéré comme chef d'école, n'est pas plus correct dans son coloris que dans son dessin ; cependant il inquiète et agite l'âme du spectateur par des oppositions vigoureusement prononcées.

Quel immense progrès l'art de peindre n'a-t-il pas fait, depuis qu'Apollodore et Zeuxis ont osé distribuer des ombres et des lumières dans leurs tableaux ?... Le clair-obscur, porté à la perfection par Corrège, n'a pas été plus négligé dans notre nomenclature pittoresque, que la grâce qui distingue le peintre de Modène. La grâce qui est souvent supérieure à la beauté a été définie.

Les peintures d'Apelles et de Protogènes, élèves de la célèbre Sicyone, ne nous ont point échappé, et dans nos observations nous n'avons pas oublié de comparer l'orgueil et la fatuité de Guide à celle de Zeuxis, qui disoit avec complaisance, en parlant de lui, qu'après sa mort aucun citoyen de la Grèce ne seroit en état de payer un seul de ses tableaux. Il poussoit la vanité jusqu'à porter son nom brodé en lettres d'or sur un manteau de pourpre. Guide avoit adopté toutes les foiblesses de Zeuxis : c'est le cas de dire *qu'on se peint dans ses ouvrages*, car ses tableaux sont ceux d'un fat.

Enfin, nous avons reconnu que les passions de l'âme publiées par Charles Le Brun, n'étoient pas traitées comme il convient; nous avons cru devoir les reproduire sous une autre forme, en renvoyant l'élève ou l'amateur qui veut s'instruire à un maître supérieur, à Le Brun lui-même, pour les examiner. Dans Simon Vouet, son professeur, nous voyons un génie turbulent, qui n'avoit pas plutôt commencé son ouvrage, qu'il vouloit le voir achevé. Nicolas Poussin, le beau génie de la France, tient la première place dans l'École. Ses productions sublimes sont examinées et décrites avec le plus grand soin, parce qu'elles renferment les préceptes les plus salutaires; il est au-dessus de ses compétiteurs comme l'aigle est au-dessus du moineau! Cependant Eustache Le Sueur marche sur ses traces, et Mignard, le courtisan, est mis en parallèle avec le despote Le Brun.

Dans nos discours nous n'avons pas ménagé cette École insignifiante, qui, après le beau siècle de Louis XIV, a provoqué la décadence de l'art en France. L'homme de cour, comme le citoyen, énervé par des goûts voluptueux, s'est créé des besoins immoraux; et il a trouvé des artistes trop complaisans qui ont sali leurs pinceaux par des peintures devant lesquelles la pudeur passe et baisse les yeux.

La restauration de l'art a suivi de près sa décadence. Vien et David parurent, et l'art, renouvelé dans ses principes, reprit force et vigueur. Bientôt on vit dans le Musée français les productions des élèves de David, de Vincent et de Regnauld, considérés comme les chefs de la nouvelle École, prendre place à côté de celles de leurs maîtres.

Les talens distingués de nos femmes habiles dans l'art de peindre, tiennent aussi leur place dans notre article sur la restauration de l'École. C'est avec reconnoissance qu'on se rappelle que madame Le Brun a relevé l'art de peindre agréablement le portrait, singulièrement négligé depuis les Rigaud et les Largillierre; que madame Mongez a fait des tableaux d'histoire, où l'on remarque cette vigueur de dessin et cette force de coloris qui honorent le maître dont elle a reçu des leçons de vigueur de dessin et dont la force de coloris honorent aussi le maître qui lui a donné des leçons. C'est à madame Jacotot que nous sommes redevables des plus belles peintures sur porcelaine; à MM. Isabey, Augustin et Saint, de la restauration de la miniature; et à MM. Van Spandonck et Redouté, de l'art de peindre les fleurs.

On ne peut, en effet, voir sans le plus grand intérêt, même sans éprouver une émotion satisfaisante et honorable pour la France, les nombreuses productions de la nouvelle École, que renferme la galerie du Luxembourg. On est agréablement frappé d'y voir briller les savantes compositions de MM. Gérard, Girodet et Gros, à côté des *Horaces*, de *Socrate* et de *Brutus*, peints par David; ainsi que l'*Ermite sans Souci*, de Vien, mis en opposition avec les *Sabines*. Ce rapprochement heureux a également lieu pour les élèves de MM. Vincent et Regnauld : leurs tableaux sont placés auprès de l'*Enlèvement d'Orythie* et de l'*Éducation d'Achille*. Le morceau le plus remarquable de M. Lemonnier se trouve en regard avec ceux de Vien, dont il fut le disciple.

Cependant on éprouve un certain regret de ne pas voir dans cette galerie un seul tableau de Doyen mis en parallèle avec la grande et belle composition de M. Lethière, qui, plus heureux que son maître, éprouve la douce satisfaction de voir briller le *Baisement de Pieds*, de mademoiselle Lescot, à côté de la *Condamnation des fils de Brutus*. En un mot, ce musée est la plus belle histoire de la peinture française, dans les temps modernes, que l'on puisse offrir aux amateurs des arts : c'est un vrai musée national. Rendons grâces à ceux qui ont eu une idée patriotique aussi noble et aussi utile! Encore une observation, et ce sera la dernière.

En voyant dans les tableaux hollandais et flamands une imitation parfaite de la nature, on ne peut s'empêcher d'éprouver des regrets que de si grands talens ne se soient pas exercés sur des sujets plus intéressans; que l'esprit et le cœur ne soient jamais pour quelque chose dans tous ceux qu'ils ont peints; que l'expression, la principale partie de l'art du dessin et de celui de peindre, n'y soit comptée pour rien. On remarquera généralement que, si, comme cela se pratiquoit du temps de Cimabuée, ces peintres eussent fait sortir des inscriptions de la bouche de leurs figures, leurs conversations ne seroient pas brillantes. Consolons-nous cependant, et disons : Que si ces peintres se fussent occupés de chercher une pensée pour poser et faire gesticuler convenablement chaque figure de leurs tableaux; que s'ils se fussent appliqués à rendre l'expression juste et analogue à la situation du personnage mis en scène, ils n'auroient pas porté aussi loin l'imitation de la nature dans l'art du coloris. Convenons aussi que l'homme, la femme ou les animaux sont plus faciles à peindre dans l'état d'impassibilité que dans celui de la passion. Achille irrité du départ de Briséis, et Romulus faisant enlever les Sabines, sont plus difficiles à peindre qu'un soldat hollandais fumant sa pipe dans un corps de garde, et que des Flamands en rumeur dans un cabaret. Quoi qu'il en soit, il vaut peut-être mieux que les peintres hollandais et flamands soient arrivés au plus haut degré de la perfection dans une seule partie de l'art, que si dans leurs tableaux ils eussent rendu cette partie plus foible en cherchant le beau idéal, en voulant exprimer des pensées qui ne seroient pas celles du caractère national.

L'Ecole flamande semble n'avoir tiré de principe que d'elle-même. Quoique l'on dise que les Italiens ont reçu des Grecs les premières notions des Sciences, des Lettres et des Arts, qu'ils ont transmises ensuite aux autres peuples de l'Europe, cela peut être vrai relativement aux Espagnols, cela est incontestable pour les Français; mais il n'en est pas ainsi des Écoles flamande, hollandaise et allemande. On sait que ce furent Léonard de Vinci, Primatice et Rosso, qui, mandés par François Ier, firent connoître en France le goût du beau, et introduisirent le sentiment de la perfection dans les arts dépendant du dessin; on sait que ce roi, véritablement le père des Lettres et des Arts, fit apporter de l'Italie un grand nombre de belles statues antiques, qui servirent aussi à l'instruction de nos artistes.

Les premiers peintres français suivirent

la manière de faire des Italiens leurs maîtres;
comme les Italiens, ils firent plus de cas des
belles formes que des belles couleurs. J'a-
voue que je serois embarrassé de parler du
passage des Arts de l'Italie en France, si
quelques Français célèbres n'avoient pas imprimé à leurs ouvrages un caractère particulier et vraiment national, qui est infiniment
honorable pour ma patrie. Si les Poussin,
les Le Sueur, les Le Brun et Louis David,
dans des temps plus rapprochés de nous,
n'étoient pas de tous les peintres nationaux
ceux qui ont produit les conceptions les
plus sages comme les plus énergiques et les
plus morales, qui dans leurs peintures ont
mis le plus d'ordre et plus de combinaison,
je me verrois peut-être forcé de dire que
les Français, en cherchant à imiter les artistes des autres pays, se sont moins élevés
et ont été moins originaux qu'eux dans
toutes les parties qui constituent l'art de
peindre. Ils n'ont point un coloris à eux,
comme les Flamands, et leur manière de
dessiner tient beaucoup de celle des Italiens.

On sait que, depuis, les peintres français

se sont plus ou moins écartés de cette route, mais que, même en s'égarant, ils ont mis la plus grande importance aux belles formes du dessin, dont ils avoient reçu les premiers élémens, du moment où il y a eu une école, dont Jean Cousin fut le chef; et qu'en général, ils se sont toujours plus occupés de l'étude des formes que de celle du coloris.

A la suite de ce discours, pour rendre notre livre plus complet, nous donnons, sous le titre d'*Introduction*, un aperçu rapide, mais général, de la définition des arts libéraux, parce qu'ils ont entre eux des rapports directs, et qu'ils en ont également avec l'art de dessiner et de peindre.

INTRODUCTION.

Définition des Arts et des Sciences.

Les Arts et les Sciences sont le résultat du génie et de l'étude.

Les Arts se divisent en deux genres, c'est-à-dire en arts d'invention et en arts d'imitation. L'invention est le résultat du génie; l'imitation est celui de l'étude et de la pratique.

Les Arts d'invention réunissent souvent les deux genres à la fois : *invention et imitation.* Le poëte, le peintre d'histoire, le statuaire et le musicien compositeur, inventent et imitent. Ces dernières propositions sont développées dans notre ouvrage.

Les Sciences se divisent aussi en deux classes, c'est-à-dire en *savoir* et en *art pratique.* Le savoir et la pratique paroissent d'abord essentiellement liés l'un à l'autre; cependant il est des parties qui apparticnnent uniquement au savoir, comme il en est qui sont du ressort de l'art pratique. L'art d'écrire les faits historiques des nations; celui de les tracer sur la toile ou sur le papyrus, de les imprimer au marbre, à la pierre ou au bronze, et par conséquent de consacrer à la postérité les événemens politiques d'un peuple; l'art de décrire les médailles et les monumens de l'antiquité; les connaissances géographiques; l'art de soumettre le langage à des règles certaines; enfin les mathématiques ou l'art de calculer les espaces, de résoudre toute espèce de problèmes et tous les genres de questions, appartiennent au savoir.

La chimie, la physique, la botanique, même l'histoire naturelle, exigent à la fois du *savoir* et de la *pratique*. Ces arts demandent une manipulation habile dans les expériences; et ils exigent aussi une pratique savante pour la conservation des pièces consacrées à l'étude.

L'art de dessiner, de peindre, de sculpter ou de bâtir, est également soumis au *savoir* et à la *pratique*.

Les arts mécaniques et ceux des fabriques

appartiennent plus particulièrement à ce que l'on entend par *maniement* ou par *manipulation*, parce qu'ils nécessitent l'emploi de plusieurs bras dans l'exécution. Cependant, ce genre de travail est toujours le résultat de *l'invention* et de la *science* d'un homme plus instruit que ceux qu'il occupe. Ces arts, considérés comme une branche des autres arts, sont principalement applicables aux commodités de la vie ; par cette raison, ils sont subordonnés aux besoins de l'homme.

But général.

Les Sciences et les Arts stimulent l'industrie, alimentent le commerce, et servent singulièrement la civilisation. On peut donc les comparer à un fleuve qui, en passant dans des milliers de canaux, féconderoit plusieurs provinces à la fois par la subdivision de ses eaux.

SCIENCES, ARTS LIBÉRAUX, BEAUX-ARTS.

Division particulière des Sciences.

On reconnoît deux divisions dans les Sciences. La première est l'art d'observer et celui d'écrire le résultat des observations que l'on a faites; la seconde consiste à réduire tout à des règles certaines, soumises à l'exactitude des calculs.

On distingue dans ces divisions : 1° l'histoire naturelle; 2° la physique; 3° la chimie; 4° la médecine; 5° l'anatomie et la chirurgie; 6° les mathématiques, l'architecture et les arts mécaniques.

Le peintre étudiera les principales divisions dont il vient d'être question, savoir: l'*histoire naturelle*, la *chimie*, l'*anatomie*, les *mathématiques* et l'*architecture*. L'étude de l'histoire naturelle et de la chimie est inutile au statuaire; cependant il cherchera à connoître les différentes qualités des marbres et des pierres, ainsi que l'amalgame des métaux pour la fonte des bronzes.

De l'Architecture.

Quoique l'architecture se trouve ordinairement au nombre des Beaux-Arts, elle appartient plus essentiellement aux sciences exactes, parce qu'il est reconnu que cet art est subordonné à des règles géométriques et à des calculs. L'architecte n'emprunte rien des autres arts ; ses divisions sont tirées des Sciences.

L'architecte invente et n'imite pas ; son génie lui appartient tout entier : je veux dire que la nature ne lui offre rien autre chose que des matières solides qu'il façonne, qu'il place les unes sur les autres, et qui ne prennent réellement une forme sous sa main, que par une savante combinaison de lignes artistement composées, et adroitement placées dans un espace quelconque.

Il n'en est pas de l'architecture comme des autres arts. La peinture et la sculpture ont pour principe l'imitation ; l'architecture, fille du besoin, n'a point de type dans la nature ; c'est un art créé tout entier par la main des hommes. « On verra l'architecture, a dit Condorcet, puiser dans la science de l'équilibre et dans la théorie des fluides, le moyen de donner aux voûtes des formes plus commodes et moins dispendieuses, et sans craindre d'altérer la solidité des constructions, opposer à l'effet des eaux une résistance plus sûrement calculée, en diriger le cours, et les employer en canaux avec plus d'habileté et de succès. »

L'architecture, bornée dans son origine au simple nécessaire, s'est singulièrement perfectionnée par la civilisation. Chez un peuple civilisé, les besoins vont toujours croissans, parce que l'homme, dans l'état de perfectibilité, veut trouver dans son habitation les commodités de la vie et toutes les jouissances. C'est ainsi que les cabanes rustiques des premiers habitans de la terre se sont changées en palais somptueux, et il est reconnu que, pour opérer complétement la métamorphose, l'architecte s'associe au peintre et au sculpteur. Cependant il avoit trouvé dans les plantes et les fleurs, les motifs des chapiteaux et des ornemens.

L'architecture, si utile à l'espèce humaine, et si imposante par les masses qu'elle admet dans ses combinaisons, frappe la vue des voyageurs; elle imprime le respect, fait naître des sensations douces ou pénibles, et peint, jusqu'à un certain point, la situation intérieure des États. L'homme s'agrandit à l'aspect des beaux monumens qui font l'ornement de la ville qu'il habite; plus il a les sentimens élevés, plus il est triste si son pays, muet par l'absence des monumens des arts, n'excite pas l'admiration de ceux qui viennent le visiter.

Parties constituantes de l'Architecture.

Les sciences qui concourent à l'exécution des monumens d'architecture, sont : 1° les mathématiques, la perspective et la pratique d'un dessin géométral, celle de la stéréotomie et de la coupe des pierres, ou l'art du trait; 2° la connoissance de toutes les matières à l'usage des constructeurs.

Arts libéraux et Beaux-Arts.

On appelle Beaux-Arts, ceux qui comportent dans leur exécution l'invention et la pratique. Tels sont la poésie, la peinture, la sculpture, la musique et la danse. Les considérations générales qui constituent les Beaux-Arts, sont également applicables à la poésie, à la peinture, à la sculpture, comme à la musique et à la danse.

Les divisions particulières de la poésie, sont 1° la poésie héroïque; 2° l'art théâtral ou l'art dramatique; 3° la poésie érotique et lyrique.

Arts du Dessin.

Les arts dépendant du dessin formant la partie principale de nos observations, nous ne parlerons ici que de ceux dont il n'est pas particulièrement fait mention dans l'ouvrage ; ainsi il sera seulement question de la gravure en taille-douce, de la sculpture, de la gravure en pierre fine, de la musique et de la danse.

De la Gravure en taille-douce et à l'eau-forte.

La gravure en taille-douce ou à l'eau-forte est un art d'imitation qui ne peut être considéré que comme une des branches de l'art du dessin, dont il emprunte tous ses moyens d'exécution. Le dessin est la base de toute espèce de gravure. Le graveur qui ne dessine pas n'est qu'un copiste qui rentre dans la classe des ouvriers. La gravure est singulièrement avantageuse au commerce par la facilité qu'elle a de multiplier à l'infini des épreuves de chaque objet gravé.

Les premières études du graveur sont les

mêmes que celles qui conviennent au peintre, au sculpteur et aux autres artistes qui s'occupent des arts du dessin. La gravure au burin est celle qui caractérise particulièrement cet art; celle à l'eau-forte n'est qu'un dessin fait sur le cuivre. Ce genre de gravure est donc au pouvoir de tout homme qui sait dessiner; il est dans les mains du graveur lui-même, du peintre et de l'architecte. Le peintre surpassera les autres dans l'art de graver à l'eau-forte; il y mettra de l'effet, de l'harmonie et du coloris.

De la Sculpture.

Le sculpteur invente comme le peintre, et il n'emprunte rien de la peinture. (Voyez ce que j'ai dit à l'article *Invention dans les Beaux-Arts.*) La sculpture se compose, 1° de l'art du dessin, par conséquent elle exige de la part du sculpteur toutes les qualités qui constituent un habile dessinateur. (Voyez également l'article qui traite des *parties constituantes de l'Art du dessin*): 2° de l'art de modeler isolément, ou de ce qu'on appelle la *ronde bosse* et le *bas-relief*.

Que le sculpteur, qui n'a pas appris à connoître les meilleurs ouvrages de l'antiquité, ne s'imagine pas savoir ce qui constitue véritablement le beau!

Parties constituantes de la Sculpture.

La beauté et le charme de la sculpture existent, non-seulement dans la pureté du dessin, et dans le choix des formes que le sculpteur peut découvrir dans l'immense tableau que la nature lui présente, mais encore dans un concours de rapports et de perfections ménagés dans l'ensemble de ces mêmes formes.

L'exécution de la sculpture consiste dans l'art de tailler le marbre ou la pierre, d'après le modèle que l'artiste a composé, et fait d'après le modèle vivant, en cire ou en terre. Cette exécution se fait ordinairement par des moyens géométriques ; le sculpteur, en mettant la dernière main à son ouvrage, lui donne l'âme et la vie.

Gravure en pierre fine.

La gravure en pierre fine, soit en creux ou *intaille*, soit en camée, est considérée comme un genre de sculpture.

L'art de graver l'intaille ou le camée se compose des élémens de la sculpture ; je veux dire de l'art du dessin et de celui de modeler en terre ou en cire. Le graveur en pierre fine, après avoir composé le sujet qu'il veut graver, en fait un modèle, ou d'imagination, ou d'après le modèle vivant ; ensuite il l'exécute en relief ou en creux, à l'aide d'un tour ou d'un outil en acier que l'on nomme *échope*. Les anciens n'ont pas encore été surpassés dans l'art de graver l'intaille et le camée.

De la Musique.

L'art de la musique réunit à la fois les avantages de la peinture et de la poésie ; ses principes sont les mêmes : la musique, en conséquence, prend place parmi les arts d'imitation et d'invention.

En parlant de l'origine de la musique, Rabaut de Saint-Etienne a dit : « Le langage primitif, fortement accentué, étoit nature - lement musical et charmant ; c'est la raison pour laquelle les plus anciens monumens écrits des Grecs sont des poëmes. Dans les tragédies anciennes, la musique régnoit d'un bout à l'autre, et elles étoient chantées à peuprès comme nos opéras. »

Amphion inventa les airs lydiens, Thamyrus les doriens, Marsyas les phrygiens. Aristote, au VIII livre *des Politiques*, dit, « que la musique lydienne est convenable aux pleurs et aux complaintes; » Apulée est du même avis. Platon, au IIIe livre de *sa République*, dit « que la musique lydienne est plaintive, inutile aux femmes, et, à plus plus forte raison, aux hommes. « Cependant, les airs lydiens passent pour être voluptueux, récréatifs, propres à la danse et aux plaisirs. Cassiodore assure que : le chant lydien est propre à récréer l'esprit et à lui donner du repos. Le dorien est grave, discret, et inspire la chasteté. Le phrygien, ajoute-t-il, est bon à donner l'alarme, à enflammer le courage et à inspirer la fureur. » L'éolien est doux; il calme l'esprit, agite et provoque le sommeil. La musique asiatique réveille les sens engourdis, élève le cœur vers la gloire céleste, et inspire du mépris pour les choses d'ici-bas. (Voyez ce que j'ai dit de la puissance de la musique sur les êtres bien organisés, article *invention dans les Beaux-Arts.*)

De la Danse, et de ses parties constituantes.

La danse est de toute antiquité : née du geste et de l'expression, elle est la peinture agissante des sensations. La danse est donc de l'essence de l'homme. On a toujours dansé; on dansera toujours. La danse exprime la joie, aussi-bien que la fureur et la douleur ; elle est la peinture des mouvemens de l'âme, qui appartiennent essentiellement aux passions, et Xénophon nous apprend qu'elle fut approuvée par Socrate. Les Égyptiens dansoient dans les fêtes d'Isis. Les Indiens dansent encore dans les pompes funèbres. Le roi David, pour rendre hommage au Dieu d'Israël, dansa devant l'Arche sainte. Les Grecs en usoient ainsi dans les cérémonies religieuses, et ils furent les premiers à introduire la danse sur le théâtre.

L'imitation de la nature est le but principal de la danse. La danse se compose, 1° du geste; 2° de mouvemens combinés; 3° de bonds et de sauts réguliers ou irréguliers, suivant les caractères que l'on veut peindre, ou les passions que l'on veut exprimer; 4° et enfin, de pas en avant et en arrière, ou portés de droite à gauche.

Dans la danse, la force, l'énergie et les mouvemens tourmentés, sont les caractères distinctifs des passions violentes : l'aplomb et la gravité seront ceux de la noblesse et de la dignité. La grâce dans les attitudes du corps, les mouvemens doux et agréables dans les poses et dans le geste caractériseront le calme ou la joie de l'âme; et, suivant les nuances adroitement ménagées qu'un danseur habile saura introduire dans la circonstance, la danse inspirera des émotions profondes, une mélancolie douce, le plaisir ou même le ravissement. Les pas vifs, précipités et bruyans, exprimeront la gaieté, comme les gestes langoureux et lascifs peindront des sentimens de volupté et d'amour.

Les parties constituantes de la danse, principalement le *geste* et la *pantomime*, doivent donc être également étudiées et connues du peintre et du sculpteur.

LA VRAIE SCIENCE

DES ARTISTES.

CHAPITRE PREMIER.

Du Dessin et des Arts qui en dépendent. — De leur origine, celle de la Peinture en particulier. — Considérations générales sur le Clair-Obscur. — Qualités que doivent avoir ceux qui se livrent à la pratique des Arts dépendans du Dessin.

§ Ier.

Du Dessin et des Arts qui en dépendent.

Le dessin consiste à représenter, par des traits tracés sur une surface plane, soit par une couleur différente de celle qui appartient à cette surface, soit en y creusant des lignes ou des points, les contours et les formes des diverses productions de la nature ou de l'industrie humaine (1). Le dessin consiste aussi à donner ces formes et ces contours, soit à toute la circonférence, soit à une partie de la circonférence d'une substance solide.

Considéré sous le premier aspect, le dessin est le principe fondamental de la peinture et de la gravure; considéré sous le second, il constitue entièrement la sculpture en ronde-bosse et en relief, aussi-bien que l'architecture. Ainsi, la peinture, la sculpture, l'architecture et la gravure, sont des arts essentiellement dépendant du dessin; mais quel est l'art mécanique, quelle est la science, non-seulement physique et mathématique, mais même morale, dont le dessin n'ait pas favorisé les progrès et les

(1) On dessine sur une planche de cuivre, en y creusant des lignes avec un burin, ou tout autre instrument plus dur que la matière de cette planche ; on dessine sur une feuille de papier avec une plume ou un crayon, etc. Dans le premier cas, le dessin est en creux ; dans le second, il est en relief.

développemens? Depuis l'ouvrier qui s'occupe de la partie la plus abjecte de nos vêtemens, jusqu'à celui qui a inventé et exécuté la machine la plus compliquée; depuis
le dernier des géomètres jusqu'au plus savant des astronomes, tous ont besoin de
l'art du dessin. La Religion, la Religion elle-
même ne dédaigne pas d'employer le dessin
pour représenter sous des traits sensibles
l'être qui créa et qui gouverne les mondes.

§ II.

*De l'Origine des Arts dépendant du Des-
sin, et particulièrement de celle de la
Peinture.*

Pour peu qu'on réfléchisse à la nature de
l'homme, à sa foiblesse, à sa nudité, au besoin qu'il a de se garantir des injures de
l'air et des attaques des animaux plus forts
que lui, pour ne pas dire des entreprises de
ses semblables, on conviendra qu'il dut
sentir de bonne heure le besoin de se cou-

vrir, de se défendre de ses ennemis et même de les attaquer; qu'il inventa bientôt les arts nécessaires à sa conservation, et devint, par instinct seul, un être essentiellement imitateur. Voilà pourquoi le dessin, sans lequel on ne peut conserver le souvenir des inventions utiles, est connu des hordes même les plus sauvages. En rechercher l'origine, ce seroit rechercher celle du premier vêtement, de la première arme, de la première *hute*, du premier instrument de chasse; ce seroit porter ses yeux au-delà de l'histoire la plus obscure et des ténèbres qui couvrent les temps les plus fabuleux; ce seroit, en un mot, remonter à l'origine de l'homme lui-même, car le Créateur, lui ayant refusé les moyens physiques de pourvoir à sa conservation, dut lui donner l'intelligence de les trouver hors de lui-même.

Cependant, comme nous ne considérons, ici, la peinture et la sculpture que comme des arts de pur agrément, nous devons faire abstraction de l'utilité dont le dessin, qui en est le principe, sera toujours aux plus pressans besoins de l'homme physique et intellectuel; et en attribuant son origine à ces besoins, comme art de première nécessité, il nous paroîtra naturel de penser qu'un individu plus heureusement organisé que les autres, ou placé dans une situation plus agréable, aura fait tourner à la satisfaction de son esprit ce qui avant lui n'avoit servi qu'à celle des besoins corporels. On peut supposer, dis-je, que cet individu, ayant trouvé des charmes dans la contemplation des merveilles de la nature ou dans celle des objets, qui, ayant fait sur ses sens des impressions agréables, lui auront inspiré de l'amour ou de la vénération, se sera plu à en imiter les traits, pour en conserver le souvenir ainsi que celui des impressions qu'il en aura reçues. Si l'on admet cette manière de voir, on pourra supposer aussi que ce premier peintre (si toutefois il est permis de donner ce nom à celui qui aura conçu cette première idée) aura eu des imitateurs, qui l'auront perfectionnée au moins sous le rapport de l'exécution des lignes et de l'em-

ploi des couleurs avec lesquelles il aura pré-
tendu représenter les objets naturels. Dans
le nombre de ces imitateurs, qu'il s'en soit
rencontré un mieux organisé encore que
le premier, et surtout plus attentif que lui ;
que se trouvant placé dans une vaste campagne, après avoir essayé de tracer bien ou
mal les contours des animaux, des arbres, des
plantes, des montagnes et des autres objets
qui se présentoient à sa vue, il ait remarqué que le soleil, en distribuant ses rayons,
ne peut le faire pénétrer à travers les corps
opaques, et qu'il résultoit de la figure de
ces corps, de leur situation relative et mu-
tuelle, ou de leur position à l'égard de la
direction des rayons lumineux, tantôt des
ombres fortement prononcées, tantôt des
demi-teintes, tantôt un effet de lumière ; en
voilà assez pour que ce second imitateur de
la nature ait fait faire à l'art de la représenter un pas beaucoup plus important que
le premier, surtout si, frappé de l'aspect général que lui présentoit le vaste tableau qu'il
avoit devant les yeux, il a eu l'attention

d'observer que les sujets animés obtenoient par des lumières plus prononcées d'autant plus de saillies, qu'ils s'avançoient plus près de lui; que les masses éloignées de sa vue prenoient une couleur uniforme, et perdoient à la fois leurs coloris distinctifs et leurs distances mutuelles dans la vapeur atmosphérique (qui confond tout, distances et coloris), qu'elles reprenoient à mesure qu'il s'approchoit d'elles. Enfin, si, par une sage distribution et par une heureuse dégradation des couleurs qu'il avoit à sa disposition, il étoit parvenu à imiter l'effet que la nature produit par celle de la lumière et de l'ombre, il auroit été l'inventeur du *clair-obscur* : c'est ainsi qu'après avoir deviné le trait, l'homme fut conduit, par l'observation, à la découverte de la perspective aérienne et du clair-obscur. Tels sont les deux premiers pas qu'il fit dans l'art de peindre; et comme le second étoit bien autrement difficile que le premier, et qu'il exigeoit une attention beaucoup plus profonde, tout porte à croire que la sculpture.

qui, dans sa plus grande perfection même,
se réduit à la correction du trait ou du dessin, a été connue et perfectionnée comme
art d'agrément avant la peinture qui, sans
le clair-obscur et la perspective, ne présen-
tera jamais que des objets épars, des formes
isolées, et les lignes ou les contours qui séparent les objets opaques de l'ombre qu'ils
produisent ou de la lumière qu'ils réfléchis-
sent.

En voilà assez et peut-être trop sur l'origine d'un art dont je n'ai pas la prétention
d'écrire l'histoire. Des considérations plus
étendues seroient déplacées dans un ouvrage où, en prenant l'art dans l'état où nous
le voyons, je me propose seulement de donner à ceux qui veulent se livrer à son étude
quelques conseils, appuyés sur la nature et
sur des exemples tirés des artistes les plus
fameux et les plus recommandables de toutes
les Ecoles. Il me suffit d'avoir fait voir que
dans la nature le trait est le principe fondamental des arts dépendant du dessin.

§ III.

Du Clair-Obscur, et de ce qu'on appelle l'Effet.

Le clair-obscur appartient exclusivement à la peinture. Il consiste dans l'art de distribuer, dans un tableau ou sur une surface plane, la lumière et l'ombre de manière à passer insensiblement de l'une à l'autre, ou de les fondre ensemble par des demi-tons, appelés aussi demi-teintes. C'est par ce moyen, en quelque sorte magique, qu'un peintre habile produit avec sa palette et son pinceau autant d'illusion et plus d'harmonie sur les objets qu'il représente, que la nature avec ses couleurs et sa lumière.

L'art du clair-obscur est la base du coloris, mais il n'est pas le coloris lui-même. Celui-ci est la couleur propre de chaque objet, tandis qu'on peut obtenir le clair-obscur par la dégradation d'une seule couleur sur un fond d'une couleur différente.

Il est si vrai que le clair-obscur est la base
du coloris, qu'avec une seule couleur habilement dégradée on parvient à produire,
sinon l'effet, du moins le sentiment du coloris.

Le clair-obscur exige une étude approfondie de la nature et un goût exquis, pour
n'en imiter que les effets les plus flatteurs
et les plus harmonieux. L'emploi de l'huile
dans la peinture a fait faire à cette partie de
l'art des progrès que les anciens ne connoissoient ni ne pouvoient connoître. L'huile
rend le travail des couleurs plus facile et
leur mélange plus parfait : ainsi préparées,
elles se prêtent aisément au mariage d'un
ton avec un autre ton. Quoique assez solides
pour permettre au peintre de revenir plusieurs fois sur son ouvrage, les couleurs à
l'huile, en sortant de dessus la palette, cè-
dent au maniement du pinceau et de la
brosse, qui les étendent sur la toile où elles
prennent, sous la main d'un artiste habile,
cette douce fusion qui constitue la perfection du clair-obscur.

Titien et *Corrége* sont les deux peintres qui aient le mieux entendu cette partie de leur art: rien de plus agréable, rien de plus flatteur pour l'œil que les productions de ces deux artistes.

D'autres peintres, à la tête desquels il faut placer *Carravage* et *l'Espagnolet*, ont su produire de grands effets dans leurs tableaux; mais ils n'y ont point montré cette intelligence parfaite du clair-obscur, cette science, ce goût de l'harmonie, qui distinguent les ouvrages des deux premiers. Cet effet résulte uniquement d'une distribution hardie des lumières et des ombres, telles qu'elles existent réellement dans la nature; mais ils n'ont point eu égard dans leurs ouvrages à ces demi-teintes, à ces passages insensibles des unes aux autres, qui constituent la véritable magie du clair-obscur. Ces ouvrages ont, en général, cet éclat qui frappe les yeux du vulgaire; mais on n'y remarque point cette douce harmonie qui seule peut satisfaire l'œil et l'esprit d'un savant appréciateur de la belle nature, et d'un juge éclairé de la puissance et de la perfection de la peinture. Ils appellent l'œil par léur fracas, mais bientôt ils le repoussent en l'éblouissant. Ils n'ont point ces charmes qui fixent le regard, sur lesquels il se plaît à se reposer, et dont il ne s'éloigne qu'avec regret, après en avoir étudié les moindres détails, et porté dans l'esprit une noble idée du talent de l'artiste et du pouvoir de son art. Ce n'est que par des couleurs savamment rompues, qu'après une étude approfondie de la nature, que *Titien* et *Corrège* sont parvenus à produire dans leurs tableaux cet effet séducteur que la nature elle-même ne présente que dans des cas extrêmement rares, et qu'il n'est donné qu'à l'homme de génie d'observer et de reproduire.

Ces cas sont ceux où la nature ne répandant sur les objets qu'une lumière douce et tendre, n'en rend ni l'éclat trop vif ni les ombres trop brusques et trop prononcées. Il ne faut donc pas croire que le clair-obscur, tel que nous l'entendons, et tel qu'il seroit à desirer que les peintres l'entendissent tous, se présente toujours et dans toutes les circonstances sur les scènes éclairées par la lumière du jour. Ces scènes, que la nature offre à l'admiration des mortels, ne sont pas toujours dignes de celle de l'artiste. Il ne doit se plaire à les étudier que lorsqu'elles présentent cette harmonie de couleur que *Corrège* et *Titien* ont fait passer dans leurs tableaux. Ces scènes sont rares et fugitives ; la nature ne les offre que dans les momens où elle se pare de toutes ses grâces. Carravage et l'Espagnolet ne sont pas moins naturels, ils le sont peut-être plus que Titien et Corrège, mais les premiers n'ont étudié et reproduit que les effets dont la nature est prodigue, et qui ne sont que beaux ; tandis que les seconds ont eu l'adresse de saisir, et de fixer sur la toile, ceux dont elle est extrêmement avare parce qu'ils sont enchanteurs et sublimes. Disons donc que le clair-obscur, tel qu'on le trouve dans les tableaux de Titien et de Corrège, sont la perfection de la couleur, comme les formes et les contours de Raphaël sont la perfection du dessin.

§ IV.

*Suite du précédent, et Considérations gé-
nérales sur la Peinture chez les Anciens.*

Les anciens connoissoient-ils l'art du
clair-obscur, tel que nous l'entendons et tel
qu'on doit l'entendre? Cette question est
très-difficile à résoudre. Si nous considérons
seulement les ouvrages de peinture qui sont
parvenus jusqu'à nous, nous devons la résoudre négativement; si nous considérons,
au contraire, ce que les historiens de l'art
les plus dignes de foi, nous rapportent des
merveilleux effets que produisoient sur les
yeux et l'esprit des spectateurs les productions des *Polygnotte*, des *Apelles* et des
Zeuxis, nous serons forcés de croire, ou que
ces historiens ne nous disent pas la vérité,
ou que les anciens connoissoient, pour le
moins aussi bien que nous, cet art enchan-
teur sans lequel les tableaux les mieux dessinés ne peuvent jamais porter dans l'âme
aucune émotion.

Pline nous apprend que Zeuxis avoit

peint en blanc des camayeux dont la beauté attiroit l'attention des Grecs (1). Mais, dans ce cas, cette attention n'avoit produit d'admiration que pour la perfection des lignes destinées à fixer les contours principaux des membres et de leurs accessoires ; car, sans la connoissance du clair-obscur, il est impossible de donner aux figures ni saillie, ni rondeur, ni expression. C'étoit donc seulement sous le rapport du dessin, que ces figures attiroient l'attention, et non sous celui de l'expression et du sentiment. Aussi Aristote assure-t-il (2) que, dans les ouvrages de Zeuxis, il n'y avoit aucune trace de l'*Ethographie*, ou de l'art de peindre les mœurs et les passions, art dans lequel Polygnotte avoit excellé ; or Polygnotte avoit fleuri soixante ans, avant même qu'on parlât de Zeuxis, et il s'étoit tellement fait distinguer par le génie avec lequel il avoit su animer les traits de ses personnages, qu'il faut, ou renoncer à croire ce que rapportent

(1) Liv. **XXXV**, chap. 36.
(2) Poétique, chap. 6.

Aristote, Plutarque, Lucien, des ouvrages de cet artiste, ou demeurer convaincu que sans connoître la perspective aérienne, il avoit cependant une parfaite intelligence de l'art du clair-obscur, sans lequel on ne peut donner ni relief ni expression à ses peintures.

Cependant il paroît certain que dans un tableau dont le sujet étoit la prise de Troie, qu'il exécuta d'abord à Athènes, et ensuite à Delphes, Polygnotte osa représenter Cassandre, la fille de Priam, au moment où elle venoit d'être violée par Ajax dans le temple de Minerve : un voile couvroit en partie le visage de cette captive infortunée, mais on distinguoit, au travers de ce voile même, la rougeur de son front, et tous les symptômes de la pudeur outragée par la brutalité de ce brigand, qu'on nommoit un héros(1). Or ce voile, cette rougeur, cette pudeur, comment montrer tout cela sans aucune intelligence du clair-obscur ?

(1) Plutarque, Vie de Cimon, Thucydide, livre I., Pausanias *Attique*, chapitre 15.

Il est certain que les anciens ne purent
jamais arriver à la même perfection que
nous dans cette partie de l'art de peindre.
Ils exécutoient leurs tableaux à l'encaus-
tique ; par cette méthode il n'est point possible, j'en conviens, de rompre suffisamment les couleurs dans les demi-teintes, et
les tableaux exécutés par ce procédé ne peuvent être vus avantageusement que d'un
seul côté, à cause de la réflexion que le poli
de la cire donne à la lumière. Mais ces in-
convéniens, qui s'opposoient à ce que les
anciens poussassent l'art du clair-obscur au
point de perfection où il est parvenu parmi
nous, n'empêchoient pas qu'ils n'en connus-
sent parfaitement la théorie.

D'un autre côté, cette méthode avoit un
avantage considérable : elle donnoit une espèce d'éternité aux tableaux. Polygnotte,
par exemple, avoit communiqué une telle
consistance aux couleurs de ses ouvrages,
que celui dans lequel il avoit représenté le
combat de Marathon, résista, sous un portique découvert d'Athènes, à l'action de l'air

pendant près de neuf cents ans, sans avoir essuyé aucune dégradation sensible. Enfin, il tenta la cupidité d'un proconsul romain, qui l'enleva aux Athéniens au temps de Synésius (1). « Constantinople fut probablement son tombeau, comme celui de tant de chefs-d'œuvre enlevés dans la Grèce, au temps du Bas-Empire, pour orner une ville où il ne régna jamais aucun goût, ni lorsqu'elle fut la capitale des chrétiens, ni lorsqu'elle fut la capitale des musulmans (2). »

Ainsi périrent les tableaux des *Poly-gnotte*, des *Timanthe*, des *Zeuxis*, des *Protogène*, des *Apelles*, et de tant d'autres peintres, dont l'histoire ne nous a conservé le souvenir que pour nous inspirer plus d'horreur contre les avides spoliateurs des heureux climats qui virent naître leurs chefs-d'œuvre.

Si maintenant nous jugeons de l'état de la peinture chez les anciens par les ouvrages que le temps a respectés, et qui sont parve-

(1) Recueil des OEuvres de Synésius, épit. 135.
(2) Paw. t. 7, p. 89.

nus jusqu'à nous, nous serons obligés de convenir que leurs auteurs ne connoissoient point l'art du clair-obscur, encore moins celui de la perspective(1). On peut croire qu'ils étoient dans l'usage de poser les couleurs à plat sur des fonds unis, sans avoir égard aux convenances de l'harmonie et à celles de la fonte des couleurs. En général, dans cette sorte de tableaux, il n'y a de remarquable que la pose des figures, le trait, le style et l'arrangement des draperies; ce n'est qu'une peinture *monochrome*, dont le trait, fait avec du cinabre ou du minium, se détache sur un fond clair : on en voit aussi dont le trait est blanc, posé sur un fond obscur. Tels sont la plupart des vases grecs peints, appelés vulgairement vases étrusques.

Les peintures antiques qui se trouvent encore à Rome, sont 1° Les *Noces de Thétis*

(3) Il est manifeste que les peintures des vases trouvés à *Herculanum*, pèchent contre les premières règles de la perspective, tantôt dans les lignes fuyantes, et les points où elles doivent aboutir, et tantôt dans les aspects, en faisant voir d'en bas ce qui devoit être vu d'en haut.

et de *Pélée;* 2° les *Noces Aldobrandines;*
3· la *Vénus* et la *Pallas* dite *Roma, tenant
le Palladium;* 4° le *Coriolan;* l'*OEdipe* de
la villa *Alfieri;* 6° sept Morceaux du Col-
lége romain, en deux tableaux, à la villa
Albani.

Selon Winkelmann, le premier de ces tableaux a été trouvé non loin de sainte Marie
majeure, dans l'emplacement où furent jadis
les jardins de Mécène. **On** y voit trois Muses
qui chantent et exécutent l'*Épithalame*,
ainsi que cela se pratiquoit chez les Grecs,
à la porte des nouveaux mariés. La Vénus
couchée et la Pallas assise, sont de grandeur naturelle; ces morceaux ont été decou-
verts en 1636, près du baptistère de Cons-
tantin. Carle Maratte a réparé la Vénus, et
y a ajouté des amours et d'autres accessoires, ce qui lui ôte son caractère d'antiquité, et ce que, par conséquent, on n'auroit pas dû souffrir; la Pallas est restée
intacte. Cette déesse victorieuse a suspendu
ses armes, et son bouclier est à ses pieds;
son regard est noble, doux et plein de bonté;

elle tient d'une main le sceptre du Monde, qu'elle gouverne. Son pouvoir est exprimé par une boule sur laquelle sa main gauche est appuyée. — De la main droite elle présente aux hommes une statue de la Victoire, image de son triomphe.

Minerve doit être impassible comme la justice dont elle prend le glaive et la balance, et dont elle est le symbole sous le nom de Thémis. *Minerve, image de la pudeur virginale, ne porte point sa tête avec fierté, son regard doit être modeste.* C'est pourquoi nous voyons régner sur l'auguste visage de la statue de la *Minerve*, du Musée du Roi, une douceur sévère exprimée par ses yeux à demi-fermés ; on y trouve aussi l'expression de la suprême bonté , apanage ordinaire de la justice, et vertu consolatrice des malheureux qu'elle frappe ou qu'elle punit. Cette bonté qui lui est particulière est exprimée par un léger sourire.

La *Pallas* de la peinture antique dont il s'agit ici n'est donc ni Pallas guerrière, ni Pallas Thémis; il faut croire que le peintre a voulu représenter cette déesse comme la fondatrice des Sciences et des Arts, et comme l'institutrice du genre humain. Le dossier du trône qu'elle occupe est surmonté de deux génies, symboles de l'éloquence et de la persuasion, qui sont ses attributs essentiels : on voit sur chaque côté du siége une femme nue et un cygne. Les femmes nues sont sans doute là pour exprimer que la vérité et la nature doivent toujours concourir ensemble aux travaux des savans, des poëtes et des artistes ; et les cygnes, qui sont le symbole de l'harmonie, désignent le charme, la douceur, la jouissance, que les Sciences, les Lettres et les Arts répandent sur la vie de ceux qui les cultivent.

Je n'ai décrit cette peinture que pour en faire connoître le mérite sous le rapport de la composition et de l'invention. Sous celui de l'exécution, elle est d'un grand style et d'un beau caractère de dessin, mais comme celles dont je viens de parler, et enfin comme toutes celles qui nous sont parvenues de l'antiquité, elle est sans effet et sans coloris :

elle a été gravée par Jean-Jérôme *Frezza*.

M. Durand, amateur très-distingué des Arts, possède les dix tableaux représentant *les Muses* et *Apollon Musagette*. Ils ont orné la galerie du roi de Naples, après avoir été retirés des ruines d'Herculanum ; et il suffit de les examiner un moment, pour être convaincu que les auteurs de ces précieux morceaux n'avoient aucune intelligence du clair-obscur (1).

Si les Grecs ignoroient cette partie essentielle de l'art de peindre, eux qui avoient fait dans le dessin des progrès tels que nous mettons notre ambition à chercher à les égaler, et notre gloire à y parvenir ; on doit croire que les Egyptiens qui étoient restés bien en arrière des Grecs dans le dessin, étoient aussi restés bien loin d'eux dans l'art du coloris.

(1) Il nous semble qu'une collection aussi précieuse devroit faire partie du Musée du Roi, et nous sommes assurés que M. Durand la céderoit volontiers pour la voir augmenter le nombre des monumens qui appartiennent à la couronne.

Pline, en parlant du superbe labyrinthe dédié au soleil, par *Psamméticus*, dit(1) que les Egyptiens commencèrent par s'occuper de la sculpture et de l'architecture, et qu'ils n'avoient que des notions légères du dessin, et aucun talent dans l'art de peindre. Nous avons dû prendre à la lettre ce que dit Pline à cet égard, tant qu'il ne nous a été permis de juger de la peinture des *Egyptiens* que d'après les coffres des *momies*, et d'après des bandes d'hiéroglyphes grossièrement dessinées et lavées sur du bois préparé avec une pâte de céruse blanche, ou tracées à cru sur de la toile ou du *papyrus*, qu'ont apportées en France, comme objets de spéculation, des voyageurs commerçans. Mais nous sommes forcés de réformer notre opinion à cet égard, depuis que, durant l'expédition de *Bonaparte*, des artistes instruits ont pénétré dans les tombeaux de Thèbes, dont les difficultés qu'offre la nature des lieux, et les dangers que l'on couroit par la pré-

____

(1) Pline, liv. XXXVI, chap. 13

sence des Arabes qui s'y retirent, avoient jusqu'à cette époque, éloigné les voyageurs. En effet, les riches peintures des tombeaux des rois de Thèbes, dont des artistes français nous ont fait parvenir des dessins coloriés depuis cette expédition, annoncent de la perfection dans le dessin et une sorte d'intelligence dans l'exécution. On remarque surtout les belles têtes d'Isis et d'Osiris, ainsi que les figures des deux génies vêtus (1) de robes de lin, et jouant de deux harpes d'or dont ils se servent comme nous. Cette peinture, dont j'ai vu un beau dessin chez M. *Dutertre*, membre de la commission d'Egypte, annonce un degré d'avancement dans l'art, qui détruit tout ce qui a été dit de désavantageux jusqu'à présent sur l'état de la peinture dans l'antique Egypte.

En général, toutes les peintures que renferment les magnifiques tombeaux des Pharaon, sont faites légèrement, mais elles sont

(1) Espèce de nécores, ou prêtres desservant l'autel d'Isis et d'Osiris.

peu ombrées et sans effet, elles ne sont
pourtant pas sans charmes et sans harmonie.
On les trouve exécutées avec une finesse qui
enchante : elles ressemblent pour la pureté
à ces belles peintures de l'Inde, que l'on
conserve à la Bibliothèque du Roi ; je dirai
même que, sous ce rapport, elles approchent
des productions des premiers maîtres de
l'École italienne, qui ne connoissoient pas
plus le clair-obscur que les Egyptiens et
les Grecs.

C'est *Masolino di Panicale*, peintre flo-
rentin, élève de *Starmina*, et mort en
1447, qui passe pour avoir introduit dans
la peinture l'art du clair-obscur, inconnu
avant lui. Après avoir dit-on, modelé en cire
ou en terre les figures des tableaux qu'il
vouloit peindre, il les mettoit en scène en
les plaçant sur une table, selon l'ordre qu'il
vouloit leur donner dans la composition
qu'il avoit conçue. Lorsqu'elles étoient ainsi
placées, il les éclairoit d'un seul côté par un
jour de quarante-cinq degrés, et les peignoit ensuite.

Doyen, mon maître, et même l'illustre David, ont usé souvent de cet ingénieux procédé pour obtenir des effets naturels dans leurs tableaux.

§ V.

Des Qualités nécessaires à ceux qui veulent se livrer à la culture des Arts dépendans du Dessin.

Les qualités nécessaires à un artiste sont ou physiques, ou intellectuelles; les unes et les autres sont ou naturelles, ou acquises. La justesse de l'œil, l'adresse et la liberté de la main, sont des qualités physiques aussi nécessaires au peintre, que la justesse de l'oreille et celle de la voix le sont au musicien. Si à une vue juste et pénétrante, à une main sûre et libre, le jeune élève dans les arts joint un esprit susceptible d'attention et d'application, de jugement et de mémoire; s'il est assez heureux pour être dirigé par un bon maître, il ne manquera pas de faire des progrès rapides dans la pratique du dessin et dans la science non moins difficile du clair-obscur.

Mais il est plusieurs connoissances qui pourroient paroître étrangères à l'art, et sans le secours desquelles il est cependant impossible qu'un artiste s'élève à ces sublimes conceptions, qui ont fait et font encore la gloire des peintres et des sculpteurs illustres, dans les Écoles de l'antiquité et dans celles des siècles modernes. Parmi les sciences, il en est qui sont indispensables au dessinateur : telles sont l'anatomie, la perspective, l'architecture, la connoissance des costumes des deux sexes, de tous les âges et de toutes les classes de la société, dans chaque contrée de la terre; telle est encore la physiologie ou l'art d'exprimer les passions, et c'est surtout par cette dernière science et par l'anatomie, que les grands maîtres se sont fait remarquer.

On distingue deux genres de peinture, savoir : la monochromate ou camayeu, et celle imitant le relief.

Le but du peintre, soit qu'il traite un sujet d'histoire ou d'invention , soit qu'il peigne des hommes, des animaux, ou des objets inanimés , est toujours d'imiter la nature. L'étude de la nature, sous quelque forme qu'elle se présente, doit donc être le principal but de son attention et de ses travaux.

La peinture se compose de trois choses principales , qui sont 1° la composition ; 2° le dessin, et 3° l'art de distribuer les couleurs.

La composition est l'œuvre du génie. Il est rare que le peintre trouve dans la nature même une scène exactement semblable à celle qu'il se propose de représenter ; il faut qu'il la coordonne à l'effet qu'il veut produire. Pour y réussir, quel que soit le genre de peinture auquel il se destine , il faut qu'il ait , par une étude approfondie de la nature physique et morale, élevé son âme au-dessus des âmes vulgaires. C'est alors seulement qu'il pourra , par la situation plus ou moins variée, plus ou moins frappante, dans laquelle il placera ses figures, par le geste même de ces figures mises en scène, et par la disposition des groupes, enfin par la force ou la douceur de l'expression de chaque personnage, parler un langage sublime, ou touchant, à l'âme du spectateur.

On sent que nul peintre n'excellera jamais dans la composition, s'il n'a parfaitement étudié l'Histoire, et même les poëtes. Au reste, tout ce qui sert à élever l'âme, à donner de la justesse et de la noblesse aux idées, doit entrer dans l'éducation du peintre qui, par profession, est peut-être le précepteur du genre humain le plus utile, puisqu'il parle toutes les langues.

L'art du dessin se compose de linéamens et de sciences, telles que l'anatomie et la physiologie, ainsi que de plusieurs autres que j'ai déjà indiquées. On entend par linéamens l'art de rendre, par un simple trait ou par un seul contour, les formes intérieures ou extérieures de tous les objets qui se présentent à la vue.

On voit par ce que je viens de dire, que la peinture se compose, sous le rapport de la pratique et de l'exécution, 1° de la connoissance du clair-obscur, qui n'est autre chose que la science de distribuer la lumière et l'ombre, ou l'art de donner du relief à une figure, à un corps quelconque, sur une surface plane; 2ᵉ du maniement du pinceau; 3° de l'amalgame des couleurs, qui est ce qu'on appelle le coloris; il est nécessaire aussi que le peintre soit instruit de la nature des couleurs naturelles ou factices, et de l'action que l'une exerce sur l'autre, soit qu'on les amalgame, soit qu'on ne fasse que les rapprocher.

Au reste, il est important que celui qui se destine à la profession de peintre, se livre à l'étude de tout ce qui, dans les sciences physiques et morales, peut élever son esprit à ces conceptions sublimes, sans lesquelles, quelle que soit son habileté dans la pratique, il ne saura jamais que flatter les yeux sans parler à l'âme.

Aristote ne fait aucune différence entre

les peintres et les poëtes; il leur prescrit les mêmes règles, soit sous le rapport de la composition, soit sous celui de l'expression. En effet, les seules différences qu'il y ait entre le peintre et le poëte, c'est que 1° l'un ne parle qu'aux yeux, et que l'autre parle à la fois à l'oreille et aux yeux; 2° c'est que le premier ne peut présenter d'une scène qu'un seul moment ou un seul point de vue, tandis que l'autre décrit tout ce qui a précédé cette scène, et encore tout ce qui l'a suivie, ainsi que tout ce qui accompagne ce point de vue. Mais l'un et l'autre doivent, par les sens, s'adresser directement à l'âme, et, sous ce dernier rapport, la tâche du peintre est plus difficile encore que celle du poëte.

Mais je ferai sentir ailleurs en quoi consiste cette grande difficulté pour l'artiste; maintenant je me borne à rappeler aux peintres ce précepte d'*Horace*, qui n'est qu'un abrégé des règles d'Aristote, communes aux artistes et aux poëtes:

Ut pictura poesis erit.

CHAPITRE II.

De la composition en Peinture. — De la pittoresque.
— De la poétique. — De l'arabesque. — De la nécessité de fixer ses idées, avant le travail, ou des
travaux préparatoires d'un artiste. — Du maniement du pinceau.

§ I.

De la Composition en Peinture.

La composition est le travail par lequel
l'artiste ordonne les diverses parties d'un
tableau, de manière qu'elles représentent
aux yeux du spectateur un tout simple,
unique et complet ; et qu'à la fois chaque
partie serve à l'intelligence du tout, et le
tout à l'intelligence de chaque partie. Ce
travail de l'artiste est tout entier le résultat
esod n intelligence ; il doit le méditer lon-

guement, sagement et profondément avant de se mettre à l'ouvrage, s'il veut s'élever au rang de ces peintres que l'on appelle, à juste titre, les précepteurs du genre humain, c'est-à-dire rappeler à l'esprit des hommes des souvenirs à la fois utiles et agréables, et des images grandes et touchantes.

La composition comprend tout à la fois l'invention, l'expression et l'ordonnance, et il est sensible que toutes les autres parties de l'art, qui ne se rapportent qu'à la pratique, lui soient nécessairement subordonnées ; je veux dire que c'est dans le but de faire ressortir le mérite de sa composition, que le peintre doit diriger l'emploi de ces parties, qui constituent l'exécution.

La composition peut se rapporter à un seul personnage, comme à une scène composée d'une multitude de personnages ; à un seul site, comme à un paysage immense. La *Vénus* de Médicis, l'*Apollon du Belvéder*, le *saint Michel* de Raphaël, sont des chefs-d'œuvre de composition, parce que, dans chacune de ces figures, il n'est pas jusqu'à la moindre partie qui ne contribue à nous expliquer la pensée sublime que l'artiste a voulu nous exprimer.

L'abbé Dubos admet deux genres de composition, qui sont *la composition poétique* et *la composition pittoresque*.

Quant au pittoresque, dit-il, il faut avouer que, dans les monumens qui nous restent, les peintres de l'antiquité, loin de paroître supérieurs, ne sont pas même égaux à Raphaël, à Rubens, à Paul Véronèse, à Charles Le Brun, en supposant que les anciens n'aient rien fait de mieux dans ce genre que les bas-reliefs et les médailles.

Tout exacte que peut paroître la division de l'abbé Dubos, il seroit néanmoins dangereux de la réduire en principe, 1° parce qu'on n'en peut faire l'application qu'à des ouvrages modernes; 2° parce que la composition pittoresque doit être toujours subordonnée à la composition poétique, qui est tout entière le travail du génie; tandis que la composition pittoresque n'est que l'application des différentes parties de l'art à ce travail, qui doit être fait et arrêté avant tout commencement d'exécution. Cependant nous suivrons dans ce chapitre cette division de l'abbé Dubos sans en soutenir l'exactitude, parce qu'il nous semble que la conception du génie consiste dans un tout indivisible.

§ II.

De la Composition poétique.

La composition poétique étoit la seule qui fût connue des anciens. Encore trop ignorans, comme nous l'avons prouvé dans le chapitre précédent, dans la dégradation de la lumière et dans le coloris, ils ne pourvoient avoir d'idée de ce que l'abbé Dubos entend par composition pittoresque.

La nature avoit pris en tout la nature pour règle et pour modèle; et, soit qu'ils voulussent peindre les hommes plus grands et plus héros qu'ils ne le sont, soit qu'ils voulussent les peindre tels qu'ils sont, ou plus petits qu'ils ne le sont; ils faisoient cons...ter le mérite de la composition dans l'unité de la science, dans la situation des personnages qu'ils mettoient en action, ainsi que dans la vérité des expressions et dans la précision des attitudes et des gestes; de manière qu'ils exprimoient, par l'exactitude de la pantomime, le dialogue du sujet qu'ils peignoient aussi bien qu'on auroit pu le faire sur un théâtre. Léonard de Vinci, Raphaël, le Poussin, sous ce rapport, ont suivi l'exemple des anciens, qui est le seul à suivre : aussi leurs ouvrages se font-ils remarquer par la sagesse et la poétique de leurs savantes compositions.

Une peinture qui imitera la nature dans toutes ses parties, sera toujours poétique et pittoresque; car la véritable poésie en peinture consiste à n'admettre dans la composition d'un tableau, que ce qui convient au sujet traité. En peinture comme en poésie, tout ce qui est étranger à l'action, rompt l'unité, nuit à l'intérêt, et rend le sujet difficile à comprendre.

Nous avons, parmi les tableaux des peintres modernes, un grand nombre de compositions dignes d'être présentées comme modèles aux artistes; mais j'indiquerai seulement aux étudians le bel ouvrage que Raphaël, encore jeune, exécuta au Vatican, et qui est connu sous le nom de l'*École d'Athènes*.

On sait que Raphaël, en représentant dans cette composition les philosophes de tous les âges et de toutes les sectes, dans un même lieu et sous un seul coup d'œil, s'est proposé d'offrir un tableau complet de la philosophie des anciens; et l'on va voir comme tout concourt, dans cette vaste composition, à ce but unique.

Une galerie immense, divisée en trois portiques, ornée de pilastres et de statues, se présente d'abord à l'œil, et c'est là que le peintre a réuni les illustres savans de l'antiquité : déjà on a une idée de ce qui se passe ; c'est l'exposition de la scène entière, et, par cela seul, elle intéresse. Tels étoient les temples, les palais, les portiques que les anciens consacroient aux Muses sous le nom de Musée. Non-seulement le Musée d'Alexandrie (1), d'Athènes et de Rome renfermoient des tableaux, des statues, et des rouleaux écrits ou dessinés, mais ils étoient encore le lieu où s'assembloient les savans, les poëtes, les philosophes et les artistes de toutes les classes pour y disserter sur toutes les sciences, les lettres et les arts: nous pouvons donc considérer, d'abord, l'*École d'Athènes* de Raphaël comme la peinture de l'un des portiques célèbres de l'antiquité.

Platon et Aristote, posés debout dans le fond du tableau, président l'assemblée; ce qui est indiqué d'un seul geste et d'un seul regard.

(1) Plutarque attribue l'invention de ce musée à Ptolémée : *Ptolemæus, qui primus viros doctos in museum convocavit.* Ce fut ce même Ptolémée Philadelphe, qui, amateur éclairé des Arts et des Lettres, s'appliqua, pendant son règne, à en étendre l'empire en Egypte. L'empereur Claude, au rapport de Suétone, ajouta à l'ancien musée un nouvel établissement auquel il donna son nom *quarum causâ veteri Alexandriæ museo additum ex ipsius nomine.*

Le nombre des hommes les plus célèbres de l'antiquité, et de la renaissance des Lettres et des Arts, dans les temps modernes, remis par Raphaël sur le portique d'Athènes, est considérable : cependant tout est à sa place, tout est soumis, tout est tranquille, tout concourt à l'intérêt principal ; chaque personnage est attentif, et remplit le rôle qui lui est propre.

Les groupes sont dessinés avec ordre ; on voit Alexandre à la droite de Solon, et Socrate conversant avec Alcibiade ; sur un plan plus bas, on remarque Horace, Aspasie, Terpandre, Empédocle, Pythagore et Épictète. Diogène est fort ingénieusement représenté isolément, placé loin des philosophes, et assis sur les marches du portique. Des groupes distingués des autres par leurs attitudes et leurs costumes, se composent des hommes qui se sont illustrés dans le quinzième siècle : tels sont Bembo, Bramante, architectes du Vatican ; ils remplissent les fonctions d'Archimède : Jean de la Case converse avec Zoroastre ; enfin, on remarque encore dans ces groupes le duc de Mantoue, et Raphaël lui-même, causant avec Pérugin, son maître.

Voilà tout ce que présente, dans le plus grand ordre et sans aucune confusion, la composition la plus parfaite qui ait paru jamais en peinture.

§ III.

De la Composition pittoresque.

Selon l'abbé Dubos, cette composition, dans un tableau, consiste dans un arrangement ingénieux de figures, inventé pour rendre l'action que représente ce tableau plus touchante et plus vraisemblable. Cet arrangement demande que tous les personnages soient liés par une action principale, car, dit toujours l'abbé Dubos, un tableau peut contenir plusieurs incidens, à condition que toutes les actions particulières se réuniront à une action principale, et qu'elles ne fassent toutes qu'un seul et même sujet. Les règles de la peinture sont autant ennemies

de la duplicité d'action, que celles de la poésie dramatique : et si la peinture peut avoir
des épisodes comme la poésie, il faut dans
les tableaux, comme dans les ouvrages dramatiques, qu'ils soient liés avec le sujet, et
que l'unité d'action soit consacrée dans
l'ouvrage du peintre comme dans celui du
poëte. Si c'est en cela que consiste la composition pittoresque, je ne vois pas en quoi
elle diffère de la composition poétique. N'ai-
je pas fait remarquer que, dans l'*École d'A-
thènes*, où cette composition est si parfaite,
il y a unité d'action dans l'ensemble du sujet,
accord parfait dans chaque groupe, envisagé
isolément et en rapport avec les autres ; qu'il
y a enfin harmonie dans le geste et l'attitude
de chaque individu, si on le considère sous
son aspect particulier et sous celui que présente l'ensemble de la composition?

Disons-le, jamais les grands peintres n'ont
sacrifié à ce genre de composition, dite pittoresque, que l'on sait n'être autre chose
qu'une distribution calculée des figures que
le peintre fait concourir à l'ensemble de son

tableau; distribution qui est plutôt le résultat d'une méthode admise que l'effet du sentiment; distribution faite pour plaire à l'œil, mais que repoussent la raison et l'esprit, auxquels le peintre doit parler plutôt que de chercher à frapper d'un faux éclat l'œil du spectateur. Cette distribution, on la trouve dans les compositions de Guerchin, de Cortone, de Solincène, de Carle Marate, de Charles Le Brun, et en général de presque tous les peintres modernes, excepté dans celles de Nicolas Poussin, et de quelques autres peintres plus modernes encore, dont les productions font honneur à l'école française.

Ce genre de composition qu'on appelle pittoresque, ne s'est introduit dans l'art de peindre, et n'a pris de consistance que parmi ceux qui, effrayés des grandes difficultés surmontées par Léonard de Vinci, Michel-Ange et Raphaël, et désespérant d'arriver à la perfection de ces grands hommes, ont abandonné la route qu'ils avoient suivie. Plutôt que de rester trop loin de ces grands maîtres, en marchant sur leurs traces, ils ont

voulu s'ouvrir une route nouvelle, et ont re-
noncé à une méthode qui avoit produit des
résultats extraordinaires, parce qu'elle étoit
le fruit de l'observation, du sentiment et
du génie, pour en adopter une autre imaginée en désespoir de cause. L'école de Ca-
rache est la première qui se soit écartée de
la doctrine et de l'enseignement des premiers
maîtres; mais, pour peu qu'on veuille se donner la peine d'analyser la nouvelle manière
de composer, on sera bientôt convaincu que
ce n'est autre chose qu'un mode de conven-
tion, une routine écrite que l'on apprend :
je vais le prouver en la définissant. En effet,
en quoi consiste-t-elle ? nous allons le voir.

Lorsqu'un peintre qui suit cette doctrine
a choisi dans l'histoire ou dans la vie pri-
vée des hommes, le sujet d'un tableau qu'il
se propose de faire, vous vous imaginez
qu'il réfléchira à l'attitude et à la position des
personnages qu'il devra mettre en scène,
et à les faire accorder avec les convenances
morales, générales ou particulières; vous
vous imaginez peut-être aussi qu'il se don-

nera la peine de consulter la nature pour le placement des groupes , pour la pose , le geste et l'expression de chaque personnage ! Point du tout : il dessinera d'abord , dans le centre du tableau , le groupe principal , de manière que la totalité de la lumière tombe sur lui seul.

On conviendra que cette manière de faire s'éloigne, sans contredit, de l'imitation de la nature, qu'elle s'éloigne encore plus du beau idéal , et des bonnes traditions. Néanmoins il ne faut pas la rejeter entièrement, car elle peut offrir quelques avantages à ceux qui en useront avec sobriété, et sauront s'en servir avec assez d'intelligence pour cacher l'art par l'art lui-même. Par exemple, il y a beaucoup d'art dans l'*École d'Athènes*, mais il y est employé avec tant de génie , qu'on ne l'y aperçoit pas , et qu'on n'y voit que la nature ; il y a une telle aisance dans la disposition des groupes, une telle simpli-cité dans les attitudes des individus mis en action, et chacun y est si bien à sa place, que, dans ce tableau , on ne voit plus une peinture , mais une assemblée de personnages où chacun parle et s'occupe de ce qui l'intéresse.

Mais, dans l'espèce de composition dont je fais la critique, on aperçoit d'abord la méthode que le peintre a employée pour faire briller son groupe principal : comment ne l'apercevroit-on pas, puisque les autres figures , nécessaires ou inutiles à l'action, peu lui importe, ne sont là que pour soutenir la lumière du centre? Quel que soit le rôle particulier qui leur appartient, d'après la nature du sujet, elles seront ombrées ou dans la demi-teinte, et vous ne les verrez jamais éclairées que par des reflets ou par des éclats de la lumière principale. Voilà ce qu'en peinture on appelle papillotage ; voilà comme les peintres élevés dans la fausse doctrine que je combats, et imbus de ses principes, sans penser aux positions naturelles et aux effets produits par la lumière du jour, se livrant aux écarts de leur imagination, négligeront les accessoires de leurs tableaux pour attirer exclusivement l'œil du spectateur sur le principal personnage qu'ils auront peint. Ce n'est pas encore là le seul défaut dans lequel il faut que tombent nécessairement tous les sectateurs de cette doctrine: ne faudra-t-il pas aussi que l'attitude et les gestes des personnages du second ordre, soient tels que leurs bras et leurs jambes produisent des contrastes et des mouvemens opposés à ceux des figures principales, de manière à ne jamais présenter une ligne parallèle ou un geste de tête semblable? Enfin les fonds du tableau seront toujours totalement sacrifiés, et souvent le peintre aura très-grand soin de placer précisément sur le devant de ce tableau, des figures étrangères à l'action : elles seront debout, assises ou accroupies, selon qu'il lui conviendra de les placer pour servir de ce qu'on appelle repoussoir.

En voilà assez, et peut être trop, pour prouver que la composition dite pittoresque, est romanesque, mensongère, et aussi contraire au bon goût qu'à la nature : ce n'est que le résultat d'une fausse adresse du peintre, d'un faux calcul de son esprit, pour produire de l'effet aux dépens de la vérité, du sentiment, de l'expression, enfin de toutes les parties qui constituent essentiellement le beau dans l'art de peindre.

§ IV.

De la Composition arabesque.

Cette composition constitue un genre de peinture particulier ; ses élémens sont puisés dans la nature, mais leur disposition est entièrement l'ouvrage de l'imagination de l'artiste.

Ce genre de peinture est extrêmement libre, et il ne laisse pas d'être agréable. Il plaît à l'œil, le délasse, et décore parfaitement les salons et les boudoirs. On lui donne le nom d'arabesque, parce qu'on a pensé que cette espèce de composition fantastique nous venoit des Maures et des Arabes.

C'est, dit-on, l'invasion des Maures en Espagne, qui a fait connoître aux habitans de

ce pays, non-seulement l'emploi des arabesques dans les décorations intérieures et extérieures; mais encore un genre d'architecture dont ils n'avoient point l'idée avant
l'arrivée d'Hakem, roi des Arabes-Maures,
qui fit bâtir, vers l'an 792 de notre ère, la
mosquée de Cordoue. On a dit que l'invention des arabesques est due à un passage
du Koran, qui défend la représentation des
sujets vivans, et qui engagea les Arabes, fidè-
les observateurs des lois de Mahomet, à ima-
giner, pour décorer l'intérieur de leurs appartemens, d'y peindre des fleurs, des fruits,
des feuillages, des plantes, dont les dessins
variés, réunis dans un seul cadre, formoient
un ensemble de choses très-pittoresque et
très-agréable à l'œil. Mais que penser de cette
opinion sur l'origine du genre arabesque,
quand on sait que les Grecs, si habiles dans
les productions du dessin, et après eux les
Romains, ont parfaitement connu cette manière de décorer; et quand on voit l'arabesque employé comme l'ornement princi-

pal de leurs meubles, de leurs vases, de leurs autels, je dirai même de leurs bâtimens, comme le prouvent les bas-reliefs, les tombeaux, les chambres sépulcrales, les tableaux peints sur les murs, et enfin un grand nombre d'objets découverts sous les ruines d'*Herculanum* et de *Pompeïa?* Il est de fait d'ailleurs que l'on voit des arabesques sur les monumens les plus anciens de l'Inde, de la Perse et de la Chine, et qu'il s'en trouve sur quelques décorations intérieures des Egyptiens; et si, comme le dit Diodore de Sicile, il est vrai que Sémiramis ait fait peindre des figures d'animaux sur le pont bâti par ses ordres, à Babylone; si enfin à ces figures d'animaux (car l'historien ne parle pas de figures humaines) on avoit mêlé des plantes, des fleurs formant avec elles un ensemble; ne pourroit-on pas considérer le commencement de la peinture arabesque comme étant de la plus haute antiquité? Quoi qu'il en soit de l'origine de ce genre, il est certain qu'elle est de beaucoup antérieure à l'existence des Arabes en corps de nation, et à l'apparition de leur prophète.

Les peintures de ce genre, quoique pour la plupart peu finies et grossièrement exécutées, ne sont pas sans intérêt sous le rapport de leur composition; l'abbé de Saint-Non, dans son *Voyage de Naples et de Sicile*, en a présenté plusieurs dessins, d'après lesquels on peut juger du mérite de ses compositions. Ce genre libre, et, en quelque sorte, fantastique, n'admet, il est vrai, aucun raisonnement, aucune vérité dans l'ensemble; mais on trouve de la grâce, de la légèreté, de la délicatesse, et même de l'élégance, dans les détails. Dans les bains de Titus, de Livie et de la maison d'Hadrien, dessinés et gravés par M. le chevalier Ponce, on remarque le goût le plus exquis et un esprit exercé dans ce genre de composition.

On dit que, du temps de Tibère, plusieurs artistes dégradèrent la dignité des pinceaux, en alliant à leurs compositions arabesques les sujets les plus obscènes, représentations des attitudes indécentes que ce prince n'avoit pas honte de prendre publiquement dans son palais de Caprée. C'est de cette île, où il s'abandonnoit aux débauches les plus révoltantes, que Tibère lançoit ses arrêts de mort, et osoit frapper d'infamie les meilleurs citoyens. D'après un passage de Suétone, sans doute mal interprété, on a fixé l'invention, ou plutôt l'introduction à Rome des arabesques au temps de Néron. Cet auteur ajoute que l'admission de ce genre fut le commencement de la décadence des arts du dessin. Cependant il est constant que, sous le pontificat de Léon X, Raphaël lui-même ne dédaigna pas de remettre en usage ce genre de décoration : et les belles peintures arabesques dont son pinceau orna le Vatican, sont la preuve de l'heureux emploi qu'un homme de génie peut faire du genre le plus bizarre. Dans ses tableaux, où il a peint les plantes les plus légères et les fleurs les plus belles, Raphaël a prouvé que la Mythologie elle-même pouvoit, sans perdre sa dignité, s'allier à ces jolies productions de la nature; et les compositions de ce grand maître sont devenues des modèles classiques dans la peinture *arabesque*. En effet la Fable, cette science antique, ce symbole écrit du monde supérieur ou des cieux, pouvoit-elle repousser l'alliance des plus aimables productions de la terre?

Dans une des compositions de Raphaël, ici l'on voit Vénns voguant sur les eaux; là, c'est l'Amour s'élançant dans les airs, et rivalisant d'une aile rapide le vol de la colombe qui l'accompagne; plus loin, c'est le dieu Neptune peint avec une longue barbe verte, et armé de son trident. Ce dieu, mollement couché sur une conque marine, entouré d'un cortége de naïades et de tritons, commande aux aquilons furieux, et maintient les flots de la mer dans le calme le plus parfait.

Dans un autre cadre, un pâtre, debout auprès de son troupeau, et à l'ombre d'un palmier, marie les sons de sa lyre aux doux accens de sa voix. A ces formes coulantes et surhumaines, qui ne reconnoîtra pas le dieu du jour chargé, dans les plaines de Thessalie, de garder les moutons d'Admète ? Cette légère idée des nombreuses peintures exécutées par Raphaël, suffira pour faire sentir quel heureux parti le génie d'un artiste peut tirer de la féconde et brillante imagination des poëtes, dans le genre de peinture dont il s'agit ici.

§ V.

De la nécessité de fixer ses idées, et de se recueillir, avant de se livrer à la Composition et au travail d'un Tableau.

Un peintre, soit qu'il veuille prendre son sujet parmi les grands traits consacrés par l'histoire, soit qu'il le cherche dans la vie commune des hommes de son temps ou des temps passés, doit, avant de se déterminer sur le choix, se bien pénétrer de la noblesse et de la sublimité de son art : il doit savoir qu'il dégraderoit son talent, si, dans l'emploi qu'il se propose d'en faire, il n'avoit pas pour but, en flattant les yeux, de parler au cœur, et à l'esprit, un langage propre à les pénétrer de l'amour de la vertu et de la haine du vice. Il doit savoir, en un mot, que les prestiges de son pinceau ne doivent être employés qu'à rendre l'homme meilleur. Malheur à ceux qui, sans respect pour leur noble profession, se dégradent jusqu'à parer la débauche et les passions honteuses des attraits séduisans d'une douce volupté! Le langage du peintre doit être d'autant plus modeste et réservé, qu'il est compris, non par un seul peuple, non par une seule partie du monde, mais par l'univers entier.

Le peintre choisira donc un sujet qui, quel qu'il soit d'ailleurs, puisse offrir une leçon utile pour le spectateur, ou au moins un objet de récréation agréable et innocent; car, tout ce qui peut flatter les yeux, sans blesser les bonnes mœurs, est encore utile, puisque la destinée de l'homme est de chercher le bonheur dans les plaisirs purs et honnêtes.

Si le peintre a choisi son sujet dans l'histoire d'un peuple, il ne se bornera pas à bien méditer ce sujet en lui-même ; il s'instruira de plus de toutes les circonstances qui ont accompagné, précédé et suivi l'action qu'il veut reproduire ; car, quoique la peinture ne puisse représenter qu'un seul instant de cette action, il faut qu'un artiste choisisse cet instant, tel qu'il lui permette de donner une juste idée de celui qui l'a précédé, et un pressentiment de ce qui le suivra ; et c'est d'après l'instant présent, l'instant passé et l'instant futur, qu'il doit déterminer l'attitude, les gestes, les expressions de ses personnages, et la disposition de ses groupes dans l'important travail de sa composition.

Ce n'est pas encore assez que le peintre connoisse toutes les circonstances, même les plus éloignées de l'action qu'il se propose de peindre : où en seroit-il, s'il ne connoissoit pas toute l'histoire du peuple parmi lequel il a choisi son action ; s'il n'étoit pas bien instruit de ses mœurs, de son caractère, du sol et du climat qu'il habitoit ? Il ne pourroit mettre de vérité ni dans les costumes de ses personnages, ni dans leurs expressions, ni dans leurs traits, ni dans les ciels, ni dans les fonds, ni dans les fabriques de son tableau ; et, quelque talent qu'il ait d'ailleurs, il blessera toutes les convenances historiques, comme l'ont fait plusieurs peintres qui, sans doute, ne manquoient pas de connoissances et d'habileté dans la pratique de leur art.

Lorsque l'artiste aura acquis toutes ces lumières préliminaires, mais indispensables pour l'éclairer dans sa composition, il se pénétrera bien du caractère et du rôle que doit jouer chacun des personnages qu'il se propose de mettre en scène ; il se demandera ce qu'il auroit fait ou pensé à la place de chacun d'eux dans la circonstance où il le place, et s'il avoit eu ses intentions, ses vues et son caractère. Il élèvera son âme avec l'homme vertueux; il la dégradera avec les lâches; il deviendra traître, criminel, assassin avec le traître, le criminel et l'assassin; il déterminera ainsi leurs gestes, leurs expressions, et réglera la place de ses groupes, selon le lieu et les accessoires du lieu où la scène doit se passer.

Si le lieu lui est donné par l'histoire, il ne le changera pas, mais il pourra le modifier par des accessoires de son invention, pourvu qu'ils ne blessent pas les convenances historiques. Ainsi sa composition sera fixée dans son esprit; il en fera une esquisse qu'il corrigera, rectifiera à mesure que son imagination lui fournira quelques changemens, et que son génie lui inspirera des nouvelles idées : et ce n'est que quand il sera parfaitement satisfait de ce travail préliminaire; ce n'est enfin qu'après une longue méditation, qu'il portera son sujet sur la toile, prendra sa palette et son pinceau, et se livrera à toute la chaleur de son inspiration.

Le peintre, qui aura choisi son sujet dans la vie commune, devra, comme le premier, le méditer et l'arrêter, avant de se livrer au travail de l'exécution.

§ VI.

Maniement du Pinceau.

J'entends par maniement du pinceau l'art de poser les couleurs sur la toile, de les fondre, de les nuancer et de les amalgamer, en remuant le pinceau dans le sens des muscles pour les carnations, et en suivant la forme des plis pour l'exécution des draperies.

La touche est lourde, légère ou spirituelle; dans l'un et l'autre cas, elle dépend du maniement du pinceau.

Il y a plusieurs manières de peindre. On peint par empâtement, par *hachures* et par glacis; on peut peindre aussi par plans ou par touchés; ce genre de peinture, vu de près, ressemble à une mosaïque, mais il produit beaucoup d'effet lorsque le tableau est placé à une distance convenable et à son point de vue.

Toutes les manières sont bonnes, pourvu que le peintre parvienne à imiter la nature, et qu'il arrive à produire une illusion complète. Mais la manière la plus universellement adoptée, est celle que j'appelle par *empâtement*, et dont les couleurs sont ensuite fondues et passées les unes dans les autres.

La peinture par *hachures* est la plus expéditive; elle étoit généralement employée pour la fresque, parce qu'elle s'opère, à peu de chose près, de la même manière que seroit fait un dessin ombré au crayon. On peut aussi produire beaucoup d'effet en peignant à l'huile par hachures; mais le peintre, par ce procédé plus expéditif que les autres, conserve difficilement la fraîcheur et la pureté des couleurs. Pour prouver combien il est expéditif, je répèterai ce qu'on rapporte de Luc Jordaens, qui l'avoit adopté. Cet artiste avoit son laboratoire dans la maison de son père, chez lequel il prenoit ses repas. Un jour qu'il étoit à peindre, pour une église, un sujet du Nouveau-Testament, son père l'appela pour dîner. « Un instant, répond-il, je n'ai plus que les douze apôtres à peindre. »

Les peintres vénitiens et flamands ont généralement peint par glacis. Dans cette manière, on commence par empâter fortement le tableau, dans les lumières comme dans les ombres, en maintenant le coloris des unes et des autres, dans un ton beaucoup plus clair que celui auquel on veut parvenir; on revient ensuite sur cette préparation par des couleurs légères, délayées avec de l'huile, en frottant ou en passant légèrement le pinceau. Pour se faire une juste idée de cette manière de peindre, on fera bien d'étudier les tableaux de Titien, de Paul Véronèse, de Rubens, de Vandick, et, en général, de tous les peintres vénitiens et flamands.

Le défi que l'on dit avoir eu lieu entre Apelles et Protogènes, au sujet d'une simple ligne tirée au pinceau par le premier dans l'atelier de l'autre, en son absence, suffiroit, s'il étoit vrai, pour prouver que les peintres grecs, à cette époque, n'avoient point encore perfectionné le *maniement* du pinceau.

Apelles ayant, dit-on, abordé à Rhodes, voulut voir Protogènes, célèbre peintre, contemporain, qu'il ne connoissoit que de réputation. Il ne le trouva point; mais ayant aperçu dans son atelier un grand panneau disposé pour être peint, il voulut s'annoncer en conduisant, avec de la couleur, une ligne d'une extrême ténuité. Ce trait le fit effectivement connoître, et excita l'émulation de Protogènes, qui en conduisit un autre plus délié avec une autre couleur. Apelles revint, et, honteux d'être surpassé, il refondit les deux lignes avec une autre couleur, ne laissant plus rien à faire à la subtilité; aussi Protogènes s'avoua-t-il vaincu.

La ligne d'Apelles fit long-temps l'admiration de l'antiquité. Tout frivole que peut paroître ce fait, raconté par Pline, qui annonce avoir vu le panneau avant qu'il fût consumé dans l'incendie de César, n'en est pas moins précieux, puisqu'il est un point de lumière sur l'histoire de l'art au temps d'Apelles. On pourroit en conclure que les Grecs faisoient beaucoup de cas de la finesse du pinceau, et que leurs peintures étoient extrêmement soignées, comme le sont celles des peintres modernes des XIIe et XIIIe siècles.

On remarquera que la peinture dégénère lorsque cette partie de l'art, le maniement du pinceau, est devenue plus séduisante. Cette séduction est d'autant plus dangereuse, qu'elle n'existe et ne peut jamais exister qu'aux dépens des autres qualités; toutefois, il ne faut pas la négliger entièrement, surtout dans les ouvrages qui doivent être vus de très-près.

La manière de peindre par touchés consiste à poser les tons sur la toile, les uns à côté des autres, sans les fondre ni les mélanger.

CHAPITRE III.

Du coloris. — Considérations générales sur le coloris. — Le coloris a sa poétique, il ajoute à l'expression, et quelquefois il est l'expression elle-même. — Examen du coloris de quelques grands peintres.

§ Ier.

Considérations générales sur le Coloris.

Le coloris est, après le dessin et le clair-obscur, la plus essentielle partie de la peinture. Le coloris est l'art par lequel le peintre donne à ses tableaux la couleur naturelle à chacun des objets qu'ils représentent. Le coloris diffère du clair-obscur, mais il en dépend essentiellement; c'est-à-dire qu'un peintre peut exceller dans le clair-obscur sans être parfait coloriste; mais il ne peut pas être parfait coloriste s'il ne possède pas la science du clair-obscur. En effet, quand il possèderoit le talent de rendre exactement la couleur des chairs ou des étoffes, il ne produiroit qu'un effet peu naturel s'il ne savoit pas donner à chaque partie de ces chairs ou de ces étoffes la nuance qu'elle reçoit du jour et de la distance sous laquelle elle est vue dans son tableau.

On peut donner des règles pour le dessin et la composition; mais il n'en est qu'une pour le coloris : elle consiste à rendre, aussi exactement qu'il soit possible de le faire, les couleurs des objets naturels, en suivant le degré d'éloignement et l'effet que produit sur ces objets le plus ou moins de lumière, dans le lieu où le peintre les suppose.

Cette règle devient impraticable pour qui n'a pas l'œil bon et juste ; car la justesse de l'œil est aussi essentielle au coloriste que celle de l'oreille l'est au musicien. Ainsi on voit que deux choses sont nécessaires au coloris : l'imitation de la couleur locale et l'observation des principes du clair-obscur.

Cette partie de la peinture comprend encore la connoissance des couleurs particulières : celle de leur sympathie, de leur an-
tipathie, et enfin celle de l'effet qui résulte
de leur mélange, de leur éloignement ou de
leur rapprochement.

Je m'explique : il est certain que le blanc,
le noir, le vert, le bleu, etc., purs et sans
mélange, étendus sur une surface plane, ne
peuvent représenter aucun autre objet que
cette surface même, ou blanche, ou noire,
ou verte, ou bleue, etc., et ne peuvent donner l'image d'aucune autre forme.

Or, la couleur locale d'un objet étant celle
qui a rapport non-seulement à cet objet, mais
encore à la forme particulière qu'il présente,
selon le lieu qu'il occupe ; comme on ne peut
présenter cette forme par aucune couleur
naturelle sans mélange ; il en résulte que le
premier objet du coloriste est de présenter
1° la couleur de l'objet par celle qui lui est
propre ; 2° la forme de cet objet par le mélange de cette couleur avec une autre.

Il résulte encore de tout cela que le peintre

émploie rarement les couleurs naturelles dans ses ouvrages, mais qu'il se sert seulement de ces couleurs pour en composer d'artificielles, afin d'imiter les formes et les couleurs des objets de la nature. En voilà assez pour que l'on ne confonde pas la couleur qui n'est autre chose que du blanc, ou du bleu, ou du noir, ou du jaune, ou du vert; avec le coloris qui est toujours le mélange plus ou moins heureux de plusieurs de ses couleurs.

De ce qui vient d'être dit, on concluera facilement que ce n'est qu'avec des couleurs artificielles qu'il est permis au peintre d'imiter les couleurs naturelles, et il est constant que, sans le noir, par exemple, il lui seroit impossible de représenter en relief un objet blanc, parce que toute forme a 1° sa couleur vraie; 2° sa couleur réfléchie; 3° la couleur de la lumière, couleur qui ne peut exister indépendamment de celle de l'ombre; et encore parce qu'un tableau étant toujours une superficie plate, cette superficie ne peut présenter des formes saillantes, sans un mélange judicieux des couleurs naturelles, dirigé par l'intelligence du clair-obscur. Voilà pourquoi j'ai dit que jamais un peintre, ignorant l'art du clair-obscur, ne pourroit être un bon coloriste.

§ II.

Le coloris ajoute à l'expression; il est quelquefois l'expression elle-même.

Sans doute c'est le dessin qui donne aux formes corporelles l'expression des sentimens de l'âme; c'est lui qui gonfle, détend, relâche les muscles, selon l'inspiration des passions violentes ou douces, tristes ou gaies, etc.; mais combien le coloris n'ajoute-t-il pas de force, d'énergie ou de charme à l'expression caractérisée par le dessin! S'il est vrai, comme je crois l'avoir prouvé dans le premier chapitre de cet ouvrage, que les Grecs n'avoient pas une grande intelligence du clair-obscur, toute l'éthographie de leurs tableaux ne pouvoit consister que dans les passions exprimées par le dessin et par un coloris imparfait. Cependant, quelque imparfait qu'il fût chez eux, ce coloris ajoutoit beaucoup à l'expression du sentiment, et quelquefois même il en étoit la seule expression possible pour eux. En voici une preuve que je tire des ouvrages d'un des plus savans et des plus judicieux antiquaires du siècle dernier. Il s'agit du tableau où Polygnote avoit représenté la Prise de Troie; et voici ce que dit Paw à cet égard (1), dans un passage déjà indiqué au chapitre Ier :

« Cet événement (la Prise de Troie) ren-
» fermoit tant de circonstances intéressantes
» et tant de situations terribles, qu'il parois-
» soit presque impossible de les combiner
» ou de les réunir; mais de tels obstacles
» n'étoient point capables d'enchaîner l'en-
» thousiasme d'un artiste tel que Polygnote;
» il fit paroître dans un même cadre au-delà
» de quatre-vingts personnages, et s'éleva,
» comme par prestige, à de si hautes con-
» ceptions et à de si sublimes idées, qu'elles

(1) T. VII. page 62 et 63; édition de Bastien.

» remplissent encore notre âme d'étonne-
» ment. Il entreprit même de peindre l'action
» la plus difficile qui se soit jamais offerte à
» l'imagination d'un dessinateur, mais qui
» étoit malheureusement alors une action
» très-ordinaire dans les villes prises d'assaut.
» Enfin Polygnote osa représenter la fille de
» Priam au moment même où elle venoit
» d'être violée par Ajax dans le temple de
» Minerve ; un voile couvroit en partie le
» visage de cette captive infortunée ; mais on
» distinguoit au travers de ce voile même la
» rougeur de son front, et tous les symp-
» tômes de la pudeur outragée par la bru-
» talité de ce brigand, qu'on nommoit un
» héros. »

Mais cette rougeur, ces symptômes de la pudeur outragée, comment pouvoient-ils être rendus autrement que par le coloris? le coloris en étoit donc la seule expression.

Certes, le coloris ajoute beaucoup de vérités au sentiment de la pudeur; la rougeur, pour les poëtes, en est la seule expression; et la tristesse n'a-t-elle pas aussi son expres sion poétique dans la pâleur? et la colère, outre le gonflement de la face, ne s'exprime-t-elle pas aussi, tantôt par la turgescence des veines et des artères, tantôt par la pâleur même des lèvres? Combien d'autres passions, combien d'autres sentimens tirent une partie de leur expression des nuances fugitives que prend alternativement la couleur de la peau! Je le demande, est-ce l'expression dessinée, est-ce la composition, qui fait le plus grand charme des tableaux de l'Albane? Non, sans doute. D'où vient donc se plaît-on à voir les productions de ce peintre? C'est que son coloris, sans égaler, à beaucoup près, celui de Titien, a cependant, sous le rapport du sentiment et de l'expression, un charme inexprimable. Le coloris a donc sa poétique, aussi-bien que le dessin, le clair-obscur et la composition ont la leur.

§ III.

Examen des Ouvrages de quelques Peintres célèbres, considérés seulement sous le rapport du Coloris.

Le coloris, comme je l'ai déjà dit, peut être indépendant de l'effet et du clair-obscur; mais il paroît presque toujours en être la conséquence. Dans l'art de peindre, le coloris a *son génie* particulier; il a aussi *son originalité* et *sa singularité* (1) : ses principales qualités sont d'être vrai, expressif et poétique : il peut-être vrai, indépendamment des autres qualités essentielles dans l'art de peindre.

Le coloris de Philippe de Champagne est vrai; mais il n'est ni expressif ni poétique. Les productions de ce grand artiste, sous le rapport du coloris, peuvent être consi-

(1) Je dirai plus loin ce que j'entends par *génie*, *originalité* et *singularité* dans les arts du dessin.

dérées comme un miroir qui réfléchit dans toute leur simplicité les objets que la nature présente. On pourroit en dire autant des tableaux de M. David ; mais le restaurateur de la peinture a tant d'élévation, de science et de pureté dans le dessin, tant d'art et de goût dans le choix des expressions et des formes, tant de supériorité dans les autres parties , que son coloris n'a besoin que de vérité.

Expression et *poétique* sont, dans l'art du coloris, des termes presque toujours synonymes, puisque le coloris d'un tableau n'est point expressif, s'il n'est poétique, ni poétique s'il n'est expressif. Quand le coloris est en rapport parfait avec le sujet traité par le peintre, il se lie naturellement avec ce qui a rapport à la composition, et devient partie intégrante de ce que j'appelle *le génie*. Le coloris du *Déluge* de Nicolas Poussin est en même temps vrai, expressif ou poétique. La belle *Descente de Croix* de Rubens, son célèbre tableau de l'*Adoration des Mages*, et celui de l'*Assomption de la Vierge*,

montrent de grandes perfections dans la poétique du coloris. Mais les productions de
Rubens, malgré l'éclat et la vigueur de leur
coloris, ou plutôt à cause de cet éclat, n'approchent point, sous le rapport de cette
partie de la peinture, des beaux tableaux
de Titien et de Paul Véronèse.

L'art du coloris a aussi, comme je l'ai dit,
son originalité et sa singularité. Ces grands
éclats de lumière, si remarquables dans les
peintures de Caravage et de Festa, n'ont-
ils pas le caractère de l'*originalité*, aussi-
bien que le système adopté par Rembrant,
et les pastiches de David Teniers, qui avoit
le talent d'imiter le faire et le coloris de tous
les peintres? enfin, la *singularité* ne se fait-
elle pas remarquer dans les tableaux de Tié-
polo, de Diétric, de Franc de Liége, et
plus particulièrement dans les peintures des
Anglais?

M. Lens, dans un Mémoire intitulé du
Bon Goût et de *la Beauté* en peinture, dit,
en parlant du coloris : « Il est impossible
» de parler de toutes les combinaisons dont

» les couleurs sont susceptibles, puisque leur
» effet est produit par le contraste de celles qui
» les avoisinent : cette opposition doit varier
» encore, selon que la composition le de-
» mande. » Mais ces propositions sont-elles
incontestables? Quant à la première, je conviendrai qu'il est difficile de saisir, au premier
coup d'œil, toutes les nuances que la nature
nous présente dans son immense tableau;
mais j'ai la preuve qu'à l'aide de l'observation et de la doctrine, on peut arriver à des
résultats satisfaisans et même extraordinaires. L'École vénitienne n'en est-elle pas un
exemple? Quant à la seconde proposition,
il n'est pas difficile de prouver, et je l'ai déjà
fait, qu'un peintre, en s'identifiant avec le
sujet qu'il veut rendre sur la toile, peut
faire coïncider le coloris avec la composition, comme avec le dessin et l'expression.

Indépendamment du génie et des dispositions naturelles, on peut entendre parfaitement le coloris, parce que cet art,
quoique ayant peu de règles écrites, en
a cependant de certaines, qui, comme je l'ai

dit, tirent leurs principes d'une judicieuse observation de la nature et de la science du clair-obscur. Tous les Vénitiens qui ont pratiqué la peinture ont excellé dans l'art du coloris, sans avoir le coup d'œil et le génie de Titien. On peut en dire autant des peintres flamands, qui ont eu Rubens pour chef. Ils ont eu un goût très-sûr dans l'imitation de la nature, sous le rapport du coloris, surtout ceux qui ont été persuadés que, dans aucune partie de la peinture, cette nature n'est pas toujours bonne à imiter telle qu'elle se présente; et qu'il faut, sous le rapport du coloris, comme sous celui du dessin, savoir faire un choix judicieux. Les peintres espagnols ont été coloristes, parce qu'ils ont étudié à Venise et dans la Flandre (1); quelques peintres anglais, ont con-

(1) En 1629, Velasquez, célèbre peintre espagnol, né à Séville, en 1509, alla à Venise, où il fit plusieurs copies d'après les chefs-d'œuvre de Titien, de Paul Véronèse et de Tintoret. Parmi ces copies, on cite avec distinction celle du *fameux Calvaire*, de ce dernier peintre, et celle du Christ, donnant la *Communion à ses Disciples*, dont il fit

servé certaine réminiscence des principes de Van-Dick, qui a long-temps séjourné en Angleterre ; mais il faut remarquer que, presque jamais dans les ouvrages de ceux-ci, l'art du coloris ne se montre avec tout son éclat ;

présent au roi d'Espagne. Rubens, dans le voyage qu'il fit en Espagne, en 1628, se lia d'amitié avec Velasquez.

Pierre de Moya, coloriste célèbre, né à Grenade, en 1610, passa en Flandre pour s'y perfectionner dans son art, et fut reçu, à titre d'élève, dans l'atelier de Van-Dick. Après la mort de son maître, qui arriva en 1641, il rentra dans sa patrie, où il produisit plusieurs chefs-d'œuvre.

Bathelemi Esteban Murillo, plus connu sous le nom de *Murillos*, né à Séville, en 1618, est considéré parmi les célèbres peintres espagnols, comme le plus grand coloriste. Quoiqu'il ne pût aller ni en Italie ni en Flandre, quelque desir qu'il eût d'étudier les productions originales des grands peintres de ces deux pays, il parvint, en copiant les tableaux de Van-Dick qui ornoient Séville, à se former un goût de coloris si pur et si exquis, qu'il perfectionna même la manière que lui présentoient les tableaux qu'il avoit étudiés ; ce qui lui mérita le titre de chef de l'École *Flamenco-espagnole*. La nature l'avoit sans doute doué, pour le coloris, d'un génie transcendant, que nous avons apprécié nous-même dans les tableaux qu'il peignit en 1665 pour *Sainte Marie-la-Blanche*, tableaux qui furent exposés au Musée de Paris, parmi ces belles productions de l'Espagne, dont et que, presque toujours, il y présente le triste aspect d'une fleur étiolée.

Il y auroit trop de présomption à dire que les Français ont parfaitement entendu l'art du coloris ; mais ils se sont attachés à d'autres parties non moins essentielles dans la

nous avons joui pendant quelque temps. Selon moi , le tableau le plus remarquable et le plus beau de Murillos est celui qui représente *sainte Elisabeth* , reine de Portugal, morte en , 1336 , à l'âge de soixante-cinq ans , et canonisée en 1625 , par le pape Urbain VIII. Dans cette peinture, exécutée, en 1674 , pour la Charité de Séville, on voit cette reine vertueuse, bonne et bienfaisante envers les pauvres , panser elle-même des teigneux et des galeux dans un hôpital.

D'après ce qu'on vient de lire, il paroît certain que l'art du coloris ne fut porté, en Espagne, à toute la perfection où il y est parvenu, que vers la fin du XVIe siècle. On voit aussi par les exemples que j'ai cités , que les peintres espagnols ne sont parvenus à donner à leur coloris un haut degré de beauté et d'expression, qu'en étudiant et en imitant les procédés introduits par les grands maîtres dans les Écoles de Venise et de la Flandre ; et l'on doit conclure de cette observation , que l'art du coloris peut, aussi-bien que la science du clair-obscur, se réduire à une théorie certaine et à un mode de pratique fixe.

pratique. Le génie des grandes conceptions, la science du dessin, le talent de bien peindre, celui de bien manipuler la couleur, ont été leur partage; et si Louis XIV, dans sa noble munificence pour les Arts, eût fondé à Venise et en Flandre une École semblable à celle qu'il établit à Rome pour perfectionner les élèves dans l'étude de la peinture, la France auroit eu sans doute d'aussi grands coloristes que ceux d'autres nations européennes; car je crois avoir suffisamment indiqué que l'art du coloris, réduit à des principes certains, peut se démontrer et s'enseigner dans les Écoles aussi-bien que celui du dessin, et surtout celui du clair-obscur, dont on ne peut le séparer.

L'École vénitienne est incontestablement la première pour l'art du coloris; Titien, né, en 1477, à Cadore, dans le Frioul, en fut le fondateur. Ce grand peintre créa à la fois l'art du clair-obscur et celui du coloris, et j'ose dire ici qu'il n'auroit jamais porté le second à un si haut point de perfection, s'il n'avoit pas possédé parfaitement

le premier. Quelle douceur dans les contours de ses figures! Il les fondoit tellement
sur les bords, qu'elles ne produisent à l'œil
la forme d'un corps que par la perspective
aërienne, et à la distance où doit se tenir le
spectateur pour examiner le tableau. Que de
vigueur et à la fois que de finesse dans les
ombres! surtout que de pureté et d'harmonie
dans l'entente générale et dans le coloris de
ses tableaux! Titien avoit tellement étudié
la valeur de la lumière, et l'effet que doit
produire un corps posé près d'un autre
corps, et celui d'un ton placé à côté d'un
autre ton; enfin, il rendoit la nature avec
tant de magie, qu'il nous fait oublier que
ses productions sont de la peinture.

En copiant plusieurs tableaux de Titien
dans une des premières galeries de l'Europe,
j'ai été à même d'étudier la manière de
peindre de ce grand maître. J'ai remarqué
que Titien employait des toiles ou des panneaux imprimés en blanc; qu'il ébauchoit
ses tableaux très-solidement, en mettant
beaucoup de couleur, qu'il tenoit brillante

et le plus claire possible. Il donnoit à ses ombres la valeur de la lumière, parce qu'il ne considéroit l'ombre que comme un accident; il revenoit ensuite sur cette préparation avec des couleurs légères, fraîches pour la lumière et plus foncées pour l'ombre : c'est cette manière que l'on appelle *peindre par glacis*. Jamais Titien n'a posé sur ses tableaux un ton crû, entier ou isolé d'un autre ton; et ses couleurs sont tellement fondues et amalgamées, qu'au premier aperçu, on ne voit dans ses ouvrages qu'une masse d'harmonie.

Ce peintre justement célèbre avoit un art particulier pour rendre les étoffes, et j'ai observé qu'il les peignoit d'abord en blanc ou en jaune, et qu'il les préparoit ainsi à recevoir la teinte colorante dont il avoit besoin pour l'effet général de son tableau; je veux dire que Titien préparoit des draperies en jaune pour les faire rouges ou vertes, et en blanc pour les faire bleues ou violettes. Lorsque la première préparation étoit sèche, il passoit par-dessus des couleurs transparentes, fortement étendues d'huile très-épurée, et propres à colorer en *rouge*, en *vert* ou en *bleu*. Les rouges des carnations, ainsi que les touches vigoureuses et les glacis, étoient les derniers tons qu'il posoit. Cette excellente méthode fut le résultat de l'observation. Titien étudioit continuellement la nature ; il l'a prise plus d'une fois sur le fait, et elle va servir d'autorité à ce que je viens de dire de sa manière de peindre les draperies. N'observe-t-on pas que la plupart des fruits commencent par être blancs, avant d'arriver à la couleur qu'ils doivent avoir ? Ils passent ensuite à la couleur verte, puis au jaune, et enfin au rouge. La pêche, l'abricot, la prune, et principalement la pomme d'api, en sont des exemples.

Enfin, le Titien, avant de peindre aucun personnage, couvroit le fond de son tableau en totalité ; je veux dire que, si la scène qu'il avoit à peindre se passoit dans la campagne, dans un palais ou dans tout autre lieu, il commençoit par le paysage ou par l'architecture ; puis il plaçoit les figures en suivant l'ordre de la composition qu'il avoit arrêtée, et, en les peignant plan par plan, toujours en commençant par les plus éloignées. Cela est si vrai, que, dans les figures du dernier plan, on apercevra toujours les tons du fond perçans à travers les draperies ou les carnations. C'est ainsi que les figures et les accessoires des tableaux de Titien s'harmonisent, se fondent et arrivent à la plus grande vigueur, en se dégradant selon les principes de la lumière du jour, et en empruntant du coloris général le ton qui leur est particulier. En effet, elles ne s'isolent, ne se détachent de tout ce qui les entoure, que par une couleur plus fortement prononcée, mais graduée en raison de la place et du plan qu'elles occupent. S'il m'est permis de me servir de cette comparaison, l'harmonie d'un tableau doit être pour l'œil ce que l'ouverture d'un opéra doit être pour l'oreille. Le motif principal de la symphonie doit, selon les règles, se fondre avec les phrases musicales, qui en sont l'ornement,

8..

et qui leur sont étrangères ; mais aussi ce motif doit se reproduire assez souvent pour qu'on n'en perde pas le souvenir, et revenir frapper agréablement l'oreille, au milieu de la variété des tons par lesquels le musicien le fait passer.

Paul Véronèse, élève de Titien, a poussé la perfection du coloris jusqu'au plus haut degré : c'est une vérité que démontre tous les jours l'effet que produisent les beaux et magnifiques tableaux de ce grand maître, exposés au Musée du Roi. Enfin, la savante et belle manière de peindre de Titien et de Paul Véronèse fut enseignée avec un tel succès à Venise, que l'École de cette ville ne tarda pas à balancer la réputation de l'École romaine et de l'Ecole lombarde.

Les Vénitiens, après un choix judicieux de la belle nature, la peignoient telle qu'elle est ; mais, comme on va le voir, les Flamands la peignoient comme s'ils l'eussent étudiée à travers une glace.

Pierre - Paul Rubens, né à Cologne, en 1577, si justement placé au nombre des grands coloristes, s'étoit cependant fait un système tout-à-fait différent de celui de Titien.

Les toiles ou les panneaux en bois dont il se servoit pour ses tableaux étoient couverts d'une couche de céruse blanche, pure, broyée et délayée à la colle; et il est de fait que les teintes colorantes qu'il posoit sur cette préparation n'ont jamais poussé au noir, et se sont maintenues aussi fraîches qu'il les avoit faites sur sa palette. Les anciens auteurs disent que, lorsque les peintres grecs ne peignoient pas sur les murailles, ils préféroient l'emploi des tables de bois couchées en blanc.

Lorsque Rubens avoit dessiné le sujet qu'il vouloit peindre, il en arrêtoit les contours à la pierre noire, et passoit sur la totalité de sa toile ou du panneau une couche d'huile d'œillet bien blanche et bien épurée. Il laissoit sécher cette huile jusqu'à ce qu'elle eût entièrement pénétré la couche de céruse; cela fait, il ébauchoit légèrement les tons et les ombres, en tenant les demi-tons plutôt gris que colorés, et il chargeoit fortement les lumières des premiers plans de couleurs qu'il ménageoit, de plus en plus, au second, au troisième, au quatrième plan, et ainsi de suite. Cette préparation terminée, Rubens revenoit sur son ouvrage avec des couleurs légères ou des glacis sur les fonds comme sur les ombres, toujours en conservant la force des teintes et la solidité de la matière pour les plans les plus avancés, sur lesquels il revenoit encore une fois avec des glacis vigoureux, pour arriver à l'illusion la plus complète. On observera que, dans les ouvrages de Rubens, la plupart des figures des derniers plans sont à peine teintées, et qu'elles ne ressortent du fond, dont elles laissent apercevoir la première couche, que par des contours et quelques touches de couleur mises à plat, et posées isolément comme les pièces d'une mosaïque. Enfin, ce peintre célèbre conservoit pour la fin de son travail, ou pour le perfectionnement de son ouvrage, les tons rouges et les reflets, que les carnations et les draperies empruntent de tout ce qui les entoure.

Van-Dick, *Jacques Jordaëns*, *Dièpem-beck*, *Scheneyders*, *Van-Thulden*, enfin tous les élèves de Rubens ont suivi cette manière de faire, qu'ils ont empruntée de leur maître. Les succès de David Teniers dans le coloris sont dus à l'étude particulière qu'il fit des tableaux de ce grand peintre que l'on considéroit dans l'Ecole flamande comme les seuls modèles à suivre dans l'art de peindre.

Ce qu'il y a de très-remarquable dans les tableaux de Rubens, c'est que non-seulement ses couleurs sont variées autant que les sujets qu'il a entrepris de peindre, mais même que la teinte locale, le coloris général ou le système harmonique du tableau, sont toujours parfaitement convenables au sujet traité.

Rubens est peut-être celui de tous les peintres qui a poussé au degré le plus haut le génie du coloris, je veux dire qui a su le mieux accorder cette partie avec la composition et le sujet de la scène, représentée dans un tableau. Et, pour se convaincre que je n'avance rien qui ne soit conforme à la vérité, il suffit d'examiner avec attention les tableaux de Rubens, qui décorent le Musée du Roi.

Parmi les peintres de l'École française, qui ont fleuri sous le règne de Louis XIV, il n'en est que trois, *Blanchard, Jouvenet* et *la Fosse*, qui aient mérité le titre de coloristes. Encore, parmi ces artistes, Blanchard seul s'en est-il véritablement rendu digne par son tableau de la *Pentecôte* qui étoit à Notre-Dame. Il y a dans la composition de ce tableau, du naturel, de l'aisance et de la grâce; on y remarque aussi une belle dispersion de la lumière, il y règne même une harmonie douce et suave qui charme les yeux les plus habitués au coloris vénitien.

Sous le rapport du dessin, Jouvenet ne paroît pas avoir étudié la belle nature, il n'y a point de vérité dans ses nus, point de noblesse dans le choix de ses formes, point de style dans ses draperies; sous le rapport du coloris, ses tableaux ne présentent ni les demi-teintes savantes de Titien, ni les brillans effets de Paul Véronèse, dont le pinceau, sans être forcé, fait illusion ; je n'y vois pas non plus la couleur vive et éclatante de Rubens. Qu'est-ce donc que le coloris de Jouvenet ? Des lumières jaunes, adroitement dispersées sur le corps des personnages, des draperies vigoureusement nuancées, des ombres fortement attaquées à la manière de Caravage. Certainement Jouvenet avoit des notions sur l'art du coloris : il en soupçonnoit les principes, mais il ne les avoit pas approfondis. On a cependant comparé ses tableaux de *saint Martin des Champs*, et sa *Descente de Croix*, qui est au Musée, aux chefs-d'œuvre de Tentoret, qui décorent à Venise les salles du conseil, du scrutin et de la Confrérie de saint Marc ; mais ceux qui ont fait cette comparaison n'avoient pas sous les yeux ces belles productions : pourtant il faut dire que, malgré leurs imperfections, les tableaux de Jouvenet brillent par le faste imposant de la composition, par des effets grandement conçus, par une exécution facile et vigoureuse.

Enfin, si je fais l'analyse des tableaux de Lafosse, qu'y trouverai-je? des figures lourdement dessinées, enveloppées de draperies chiffonnées au hasard, et dont les plis, au lieu d'être variés avec souplesse et comme la nature les présente, sont uniformément arrondis. Le coloris de Lafosse, vu dans son ensemble, n'est qu'une absorption de la lumière autour du groupe principal, pour faire mieux ressortir les carnations presque jaunâtres des personnages qui le composent. Ainsi, les peintures de Lafosse ne nous montrent que les résultats d'une combinaison factice ; elles paroissent avoir été faites d'après une assemblée de personnages éclairés par une lampe.

Depuis sa nouvelle restauration, l'École française a produit plus de coloristes qu'elle n'en avoit eu précédemment ; et il faut attribuer cet avantage à l'heureux oubli des routines académiques, auxquelles les élèves avoient été jusqu'alors assujétis. C'est à M. *David* que nous devons cette brillante et honorable restauration ; il ne lui a pas suffi d'illustrer l'Ecole française par les sublimes productions de son pinceau ; il est encore le maître des hommes les plus habiles parmi ceux dont nous admirons tous les jours les ouvrages, soit au Louvre, soit à la galerie du Luxembourg, soit dans nos églises (1), soit dans la galerie de S. A. le duc d'Orléans, soit dans celle de M. le chevalier Sommariva, amateur distingué des Arts. D'abord, M. David indiquoit à ses élèves le genre auquel la nature paroissoit les avoir disposés ;

(1) M. le comte de Chabrol, préfet du département de la Seine, a imaginé fort heureusement de repeupler nos églises dévastées des productions de nos jeunes artistes. Ce magistrat éclairé, ami des Lettres et des Arts, consacre, tous les ans, un fonds particulier pour l'exécution d'un certain nombre de tableaux et de statues, commandés aux pensionnaires du Roi, venant de Rome. Déjà on voit dans beaucoup d'églises les beaux résultats de cette institution ; il seroit à desirer que cet exemple fût imité, et que nos administrateurs eussent souvent des idées aussi favorables aux progrès de l'art.

il ne leur montroit, pour modèle de coloris, que cette nature elle-même, et, pour règles de dessin, que les belles statues de l'antiquité. En paroissant les abandonner à leur propre goût dans le choix des objets de leurs études, M. David les conduisoit à la perfection, sans qu'ils s'en doutassent; et il se gardoit bien de leur proposer ses propres ouvrages pour exemples : c'étoit un précepte donné à propos, un mot de reproche adroitement glissé, ou une épigramme fine sur l'imperfection du travail, qui rectifioient le goût, corrigeoient un défaut, en portant l'émulation dans toute l'École. Cette conduite sage et mesurée me rappelle une leçon du même genre, donnée par Michel-Ange à un jeune peintre fort épris de son propre ouvrage. Un jour cet artiste apportoit à ce grand maître un tableau qu'il avoit fait d'après les peintres les plus habiles, en copiant de celui-ci une attitude, de celui-là une tête, de cet autre des bras et des jambes : *Cela est fort bien, mon ami,* lui dit Michel-Ange, *mais que deviendra votre tableau au jour du jugement, quand chacun reprendra les membres qui lui appartiennent ?*

Le jeune artiste, corrigé de la bonne opinion qu'il avoit de lui-même par cette leçon sévère, retourna à son atelier, fit de nouvelles études, et devint un des plus habiles peintres de son temps. Ce fait, dit-on, regarde Léonard Salviati qui, dans la suite, obtint l'amitié de Michel-Ange.

A l'Ecole savante et nombreuse de M. David, se sont jointes celles de MM. Vincentet Regnauld : voilà comment l'Ecole française s'est renouvelée en professeurs habiles, et a produit les maîtres les plus distingués dans les différentes parties de l'art de peindre. Depuis cette restauration, aucune Ecole de peinture ne peut se comparer à celle de France, qui a fait des pas de géant, et laissé toutes les autres derrière elle.

Le tableau de la *Peste de Jaffa,* celui de *Charles-Quint visitant les tombeaux de l'église de Saint-Denis,* par M. le chevalier Gros, sont des ouvrages parfaits dans l'art du coloris : si le dernier, dans ses lumières fines et par la suavité de ses demi-teintes, a des rapports avec les belles productions de Titien, le premier rappelle le grandiose et la vigueur du tableau de Paul Véronèse.

On doit aussi beaucoup à M. Mérimée, secrétaire perpétuel de l'Ecole des Beaux-Arts, pour ses savans essais dans l'art du coloris, et pour l'heureux emploi qu'il a fait dans ses tableaux de ses connoissances en chimie qui lui ont procuré des résultats très-avantageux aux progrès de l'art.

Le tableau de cet artiste, représentant l'*Innocence*, tableau si habilement gravé par feu Bervic, donne une idée très-favorable de l'esprit et du talent de son auteur.

Au lever du soleil, entre deux rochers garnis de mousse et ombragés par des arbres qui laissent apercevoir le ciel dans le lointain, on voit une jeune fille vêtue d'une simple chemise, qu'elle relève pour contenir des fleurs qu'elle a cueillies sur sa route; de son bras gauche, elle tient une colombe, symbole de son innocence. A l'instant où elle se dispose à se reposer aux bords d'une fontaine pour jouir à l'aise du petit butin qu'elle vient de ravir à la déesse des fleurs, un énorme serpent, sortant d'un vieux chêne enlacé de ronces, s'élance sur elle en sifflant; mais l'innocente fille, à qui l'animal est inconnu, supposant qu'il vient lui demander sa subsistance, et n'en ayant pas plus de crainte que de sa colombe chérie, lui présente le morceau de pain qu'elle tient de ses parens pour son repas du matin.

Ce tableau, que l'on peut considérer comme un apologue charmant, joint à la fraîcheur du coloris beaucoup de grâce dans le dessin, et infiniment de délicatesse dans l'exécution. On admire surtout l'ingénieux parti qu'a pris M. Mérimée, de jeter une demi-teinte sur la partie inférieure du corps que la jeune fille laisse à nu, à cause de l'attitude qu'elle a prise pour retenir dans son petit vêtement les fleurs ramassées sur son passage.

§ IV.

Des causes qui se sont opposées long-temps à la perfection du coloris dans l'École française.

Les peintres vénitiens, non par des recherches savantes, mais par un heureux hasard, dans lequel les favorisa sans doute l'immense commerce qu'ils faisoient depuis long-temps des riches et brillantes étoffes de l'Asie, avoient trouvé d'abord les matières colorantes les plus propres à donner de la vérité et du ton à un tableau, sans se nuire les unes aux autres par le rapprochement, et l'espèce de fusion que l'on est obligé de leur donner, lorsque l'on veut les employer à l'imitation de l'ensemble que peuvent présenter plusieurs objets réels de la nature, réunis dans un seul cadre et sous un même point de vue. Ce fut cette découverte, due, comme je viens de le dire, au hasard plutôt qu'à des observations dirigées

par une véritable théorie, qui assura la supériorité de l'École vénitienne sur toutes
celles de l'Italie, et même des autres parties
de l'Europe. Cette École fit long-temps de
cette découverte un secret, deviné d'abord
par les Flamands et. ensuite par les Espagnols, qui ne devinrent coloristes que par
l'étude qu'ils firent des peintures vénitiennes
et flamandes.

Les Français restèrent et durent rester en
arrière de ces trois Écoles, parce qu'ils igno-
rèrent long-temps l'influence que les matières colorantes exercent les unes sur les
autres. Cette connoissance, si essentielle aux
peintres, manqua long-temps aux nôtres,
excepté peut-être à quelques-uns d'eux, parmi lesquels il faut compter Mignard; mais
ils en firent un secret aux autres. Enfin la
chimie eut chez nous son Lavoisier, son
Fourcroy et son Vauquelin. Les merveilles
de cette science, obscure jusqu'à l'apparition
du premier de ces grands hommes, nous
furent révélées, et dès lors les propriétés
particulières des matières colorantes nous

devinrent de plus en plus familières, ainsi que l'influence que ces propriétés exercent les unes sur les autres. Aussi, depuis ce temps, on a remarqué que l'Ecole française avoit fait, et faisoit encore tous les jours, des progrès rapides dans l'art séducteur du coloris, où elle avoit éte si long-temps inférieure aux autres Écoles.

Son infériorité étoit particulièrement due à l'usage fréquent que les peintres français faisoient de toiles préparées ou imprimées en rouge, usage qui ne pouvoit manquer de rendre le coloris de leur tableau beaucoup plus sombre et nébuleux, que celui des Vénitiens et des Flamands, qui étoient dans l'habitude de mettre sur les panneaux et les toiles dont ils se servoient, une couche de céruse. En effet, on sait aujourd'hui que le brun-rouge n'est qu'un oxide de fer brûlé, qui, poussant sans cesse en dehors, finit toujours, quelque bien amalgamé qu'il soit avec la litharge et l'huile, par se montrer à nu sur la surface du tableau, par dévorer les couleurs fraîches dont on l'a découvert,

et enfin par s'emparer des lumières aussi-
bien que des ombres. Cet oxide de fer brûlé,
mêlé à la litharge, absorbant toujours la
substance onctueuse, détruit tout principe
de liaison entre l'un et l'autre des corps, à
l'union desquels cette substance est si nécessaire, et il résulte de ses propriétés non-seulement qu'il dessèche et durcit les couleurs,
mais encore qu'il corrode la toile, la rend cas-
sante, et fait écailler la peinture qu'elle a re-
çue. Cependant, malgré ces graves inconvé-
niens et probablement sans en avoir connoissance, *Poussin, Le Brun, Bourdon, Jouvenet,
Champagne, Lafosse, Baptiste*, et beaucoup
d'autres peintres célèbres du siècle de
Louis XIV, ont peint sur des toiles imprimées en rouge.

Certainement, cette préparation de la
toile n'a pas une influence immédiate sur
la peinture, et elle n'empêcheroit pas un
artiste, versé dans l'art du coloris, de faire
un tableau qui pourroit paroître long-temps
excellent dans cette partie, s'il connoissoit
d'ailleurs les propriétés absolues et relatives

des matières colorantes dont il se serviroit. Cependant il est bon de rappeler aux peintres de toutes les Écoles, qu'ils ne peuvent mettre trop de soin dans la préparation des toiles dont ils font usage, parce que cette préparation est de la plus haute importance pour la perfection, et surtout pour la stabilité du coloris. Il étoit essentiel d'ailleurs de les avertir du danger que ne manqueroient pas de courir leurs plus belles productions s'ils employoient des toiles imprimées en rouge, qui n'ont d'autre avantage que de favoriser la paresse en donnant momentanément plus de vigueur aux ombres, et conséquemment plus d'éclat aux lumières, et de produire par là plus promptement un effet, qui ne tarde pas à disparoître, que l'on auroit rendu plus durable et plus juste en même temps si, au lieu de recourir à un procédé contraire à l'art, on eût employé les ressources que présentent l'art lui-même et l'étude des procédés qui tendent à en assurer les succès.

§ VIII.

De la prétendue incompatibilité du Coloris et du Dessin.

On dit depuis long-temps que la perfection du coloris et celle du dessin sont deux choses incompatibles. Ce paradoxe a été dès long-temps attaqué par *Depiles*, qui est loin de l'avoir réfuté, dans un ouvrage qui contient lui-même quelques erreurs parmi beaucoup d'observations judicieuses (1). Voici à cet égard ce que dit cet écrivain :

« Après avoir exposé sincèrement ce que
» je pense sur le coloris et sur les parties qui
» en dépendent, il me reste encore à ré-
» pondre à ceux qui croient qu'on ne peut
» posséder tout ensemble le dessin et le co-
» loris. La plus forte raison qu'ils en don-
» nent, c'est, disent-ils, qu'en s'attachant au

______

(1) Cours de peinture par principes , composé par Du-
piles. Paris , 1708, page 75, 349 et 350.

» coloris, on néglige le dessin , et que les
» charmes de celui-ci font oublier la necessité
» de l'autre.

» A quoi il est aisé de répondre que , si
» cela arrive ainsi, ce n'est pas la faute du
» coloris, mais de l'esprit qui a trop peu d'é-
» tendue pour s'appliquer à deux choses en
» même temps. Ce ne sont pas de ces sortes
» d'esprits que demande la peinture ; elle
» n'admet pour ses favoris que ceux qui sont
» capables d'embrasser plusieurs objets, ou
» qui sont si bien tournés, et qui savent si bien
» se ménager, qu'ils ne s'attachent qu'aux
» choses qui doivent augmenter par degrés
» leurs connoissances. Les nouvelles études
» qu'ils entreprennent ne leur font point
» oublier celles qu'ils ont déjà faites ; au con-
» traire, ils fortifient les unes par les autres,
» et s'efforcent de les acquérir toutes, comme
» des moyens nécessaires pour arriver à leur
» fin. C'est de ce caractère qu'étoit l'esprit
» de Raphaël. L'ordre et la netteté avec la-
» quelle il concevoit les choses, ne lui ont
» jamais permis de rien oublier. Il augmen-

» toit toujours ses connoissances, et fortifioit
» les nouvelles lumières qu'il acquéroit par
» celles qu'il avoit déjà acquises. »

Il est étonnant que, pour détruire le paradoxe dont il s'agit ici, Depiles ait cité
l'exemple de Raphaël, qui étoit loin d'être
aussi bon coloriste que savant et habile
dessinateur; nous allons tâcher de combattre, par des raisons plus puissantes, un
préjugé qui ne laisse pas de nuire beaucoup
aux progrès de la peinture.

Nous avons déjà tâché de faire comprendre ce que nous entendons, et ce que
l'on doit entendre par le coloris et par le
dessin; nous allons revenir encore sur cette
matière, en appuyant nos principes sur des
exemples capables de faire autorité.

Le coloris est le résultat plus ou moins
heureux des substances colorantes que, pour
arriver à une imitation parfaite de la nature, le peintre pose dans les contours des
figures des tableaux qu'il fait. Si, comme
nous l'avons déjà dit, la pratique du coloris

peut être soumise à des règles certaines, sa perfection peut être aussi une conséquence du *génie* et de l'organisation physique du manipulateur; et il peut présenter dans ses résultats autant de nuances différentes qu'il y aura de tempéramens divers parmi les peintres. Par exemple, il est certain que le sanguin ne verra pas le coloris de la nature comme le bilieux, que le flegmatique ne le verra pas comme le colérique, et que conséquemment ni l'un ni l'autre ne l'imiteront de la même manière. Il arrive même souvent que des peintres du même tempérament présentent, à cause de certaines circonstances particulières de leurs caractères, ou de leur position dans la société, des nuances très-différentes dans leurs coloris. Je vais rapporter un exemple qui vient à l'appui de ce que j'avance.

Elève de Gabriel-François Doyen, peintre du Roi et professeur de l'Académie, j'ai été à même de faire, à son école, une observation dont j'ai non-seulement été témoin.

mais que je puis attester avec d'autant plus de certitude, que j'étois un des coopérateurs dans le fait qui y a donné lieu.

A cette École, les élèves, au nombre de quarante, se réunissoient, à certains jours fixés, dans l'atelier du professeur, pour peindre le modèle vivant; et j'ai toujours remarqué que, sous le rapport du coloris, chaque élève faisoit du même sujet une copie différente de celle des autres, et il n'y avoit rien de plus curieux pour un observateur, que de voir quarante personnes rangées autour d'un homme nu, et cherchant chacune à le peindre de son mieux, et en présentant cependant des copies les unes grises, les autres rouges, les autres jaunes, les autres violettes, brunes ou vertes; c'est-à-dire seulement que, sous le rapport de l'ensemble du coloris, les études présentoient autant de nuances différentes, qu'il y avoit d'élèves. Cependant, lorsque, après la séance terminée, on isoloit les copies, chacune d'elles faisoit illusion, et paroissoit en particulier être une imitation parfaite du modèle ; c'est qu'alors la bigarrure du coloris que rendoient sensible la présence de la nature et le rapprochement des études, avoit entièrement disparu.

Ce fait ne prouve-t-il pas évidemment que chaque peintre voit nécessairement la nature d'après son organisation physique et ses affections morales particulières. Ces deux causes réunies servent à rendre compte de l'extrême différence que deux peintres, d'un talent égal, peuvent mettre dans le coloris et la composition du même tableau.

Le coloris est sans doute, comme coloris, parfaitement indépendant du dessin ; mais, dans un tableau, que seroit-il sans celui-ci? D'un autre côté, s'il est vrai que le clair-obscur dans un tableau fasse partie du coloris, il est certain aussi que, sous plusieurs rapports, il en est indépendant, puisque l'on peut produire beaucoup d'effet avec du noir et du blanc, comme le prouvent les célèbres Camayeux de *Guiéras*, qui font l'ornement de l'église cathédrale de Cambray ; et ceux de *Sauvage*, que l'on a remarqués plus d'une fois au Louvre. Et n'est-il pas vrai que les belles gravures de *Bolswert* et de *Pontieus*, d'après *Rubens*, celles de *Rembrant*, et en général toutes les gravures bien conduites ont le pouvoir, par la simple dégradation de l'ombre, et le placement exact de la lumière sur les différens corps qui composent le sujet traité, de produire, sans autre moyen que du blanc et du noir, une illusion et un effet aussi puissans et plus étonnans peut-être que ce qui résulte du coloris lui-même.

Le dessin existe par lui-même indépendamment du coloris et de l'effet qui résultent d'une parfaite intelligence du clair-obscur; ce qui suffit pour prouver qu'il constitue la partie la plus importante de la peinture, et qu'il est la base sur laquelle toutes les autres reposent.

Mais il n'en est pas moins vrai qu'il y a compatibilité entre la perfection du dessin et la beauté du coloris. Il y a compatibilité entre l'une et l'autre de ces parties de la peinture, puisque, dans un tableau, la seconde seroit nulle sans le secours de la pre-

mière, et de cela seul qu'il y a entre elles
une alliance aussi intime, il doit nécessairement y avoir compatibilité entre leurs
perfections.

Il seroit absurde de dire que l'entente de
la lumière avec les demi-teintes et l'ombre,
que la vigueur de la touche, que le *laisser
aller* qu'exige souvent le maniement du
pinceau dans la fonte des couleurs, ne peuvent s'obtenir qu'aux dépens du dessin. Il
n'y a que des hommes peu versés dans l'art
de peindre, et qui n'ont pas pris la peine
d'examiner les productions de nos grands
maîtres, qui aient pu tenir un semblable
langage.

Si Michel-Ange et beaucoup d'autres
grands dessinateurs ne s'attachèrent jamais
particulièrement à l'art du coloris, en faut-il
conclure qu'il n'y a point d'affinité entre le
dessin et le coloris? On ne met pas Raphaël
au nombre des plus grands coloristes; mais,
dans son tableau du *Sommeil de l'Enfant
Jésus*, dans ceux de *la Sainte Famille* et de
la Transfiguration, le coloris n'est-il pas

toujours celui qui convient à chacun de ces trois sujets? Et n'est-ce pas cette unité intime, ce concours de toutes les parties de l'art vers le même but, qui constituent véritablement la perfection de la peinture? Quoi! parce que, dans la belle manière de peindre de Raphaël, on ne trouve pas ces jets de lumière hasardés qui éblouissent, ces empâtemens de couleur qui en imposent, et cette affluence de tons qui appartient plus à la prétention de l'artiste qu'à l'imitation de la nature, ce peintre se sera éloigné de la perfection du coloris! Si j'avois jamais conçu une semblable pensée, je me serois, par respect pour moi-même, bien gardé de l'exprimer. Dira-t-on que le célèbre tableau de Nicolas Poussin représentant le *Déluge* est mal colorié, parce que la teinte générale en est grise et sombre? Eh! cette image d'un désordre semblable auroit-elle été aussi parfaite et aussi frappante, si le peintre ne nous eût pas montré la nature couverte d'un voile sombre et funèbre? Ce tableau, selon moi, remplit si bien toutes les condi-

tions de l'art, que je ne crains pas de le présenter aux étudians comme un modèle de
ce que j'appelle peinture poétique.

Il est de toute vérité que le coloris des
beaux tableaux de Raphaël a beaucoup d'a-
nalogie avec celui de Titien. Je dirai cependant que ce dernier mettoit plus de
méthode et plus de soin dans la facture de son
coloris, que n'en a jamais mis le premier;
je dirai encore que, si les tableaux de Raphaël ont poussé au noir, ce n'est pas parce
qu'il ne connoissoit pas l'art du coloris,
mais parce qu'il ne savoit pas le diriger
comme le Titien, et que, si le dessin de celui-ci n'est pas toujours aussi correct que
celui de l'autre, c'est seulement parce que
cette partie de l'art n'étoit pas perfectionnée
à l'École de Venise comme à celle de Rome.

Les différentes positions géographiques,
la différence des mœurs et des habitudes,
la vue continuelle des personnes avec lesquelles on passe sa vie, la nature du gouvernement et des lois sous lesquels on vit,
toutes ces choses et beaucoup d'autres ont

une grande influence sur les productions des Beaux-Arts. Les tableaux vénitiens nous présentent des compositions riches et fastueuses : l'or, la pourpre, le velours, le satin, y brillent, et les broderies y jouent un grand rôle. Ces compositions sont généralement gaies, mais rien n'y est avili, et presque toujours les sujets qu'elles représentent ont le mouvement et l'allure d'un jour de fête. C'est l'image d'une nation riche, heureuse et amie des plaisirs. On sent que de tels tableaux exigeoient nécessairement un coloris brillant. Ceux des peintres romains sont austères dans la composition et sévères dans le style, aussi-bien que dans le dessin et le coloris. Au reste, chaque École peut avoir son caractère particulier, sans pour cela négliger ou sacrifier l'une à l'autre quelque partie de la peinture : la nature, pour être très-variée, n'en est pas moins parfaite dans tous ses ouvrages.

On me dira peut-être, comme une nouvelle preuve de l'incompatibilité du dessin et du coloris, que Rubens a mal dessiné.

Je conviendrai qu'à la vérité, ce peintre a souvent négligé son dessin, et souvent fait un mauvais choix de formes; je conviendrai même que ce n'étoit pas par ignorance, car il étoit fort habile dans toutes les parties de son art. Mais, pour démontrer que cette objection ne prouve rien en faveur de l'incompatibilité prétendue du coloris et du dessin, je citerai *le Christ de la Descente de Croix d'Anvers*, et le beau *Ganymède*, deux chefs-d'œuvre du même peintre, dont le dernier ornoit la galerie du duc d'Orléans; et je dirai que ces deux peintures, excellant à la fois et sous le rapport du dessin et sous celui du coloris, prouvent évidemment qu'un grand maître pourra toujours, quand il le voudra, unir la perfection de ces deux parties.

Titien n'a jamais, que je sache, sacrifié le dessin au coloris; à la vérité, les contours de ses figures se fondent avec les couleurs environnantes, mais ils n'en conservent pas moins toute leur pureté. Ce peintre avoit une si grande intelligence du clair-obscur, que, de près ses tableaux ne présentent ni traits ni contours, et qu'à mesure que l'on s'en éloigne, les figures paroissent en sortir et prendre la place qui leur convient; et certes voilà bien l'art du coloris dans toute sa perfection.

Paul Véronèse ne dessinoit pas toujours correctement; mais il savoit aussi-bien que son maître conserver la netteté de ses contours, en les amalgamant avec les tons environnans. J'ai vu dans ses tableaux des figures se détachant sur un fond de ciel; le trait de ces figures étoit dessiné au pinceau sur ce fond même, et isolé de trois lignes, au moins, du corps ombre et lumineux; en sorte que la couleur du ciel produisoit un demi-ton entre la lumière ou l'ombre de la figure et le fond, sur lequel elle se détachoit, système d'exécution qui produit le plus grand effet.

Si Rubens n'a pas toujours bien dessiné, et fait un beau choix de nature, c'est parce qu'il avoit sans cesse sous les yeux des hommes, des femmes d'une nature peu noble, et dont les formes amollies par l'usage fréquent du beurre et de la bière, ne lui présentoient, au lieu de muscles prononcés, que de la chair, de la graisse, avec un coloris frais et une peau transparente et rosée. Rubens a peint la nature telle qu'elle se présentait à ses yeux, et ce qui le prouve, c'est que les tableaux qu'il a faits en Italie sont beaucoup mieux dessinés que les autres.

Au reste, c'est une vérité incontestable que l'homme naturellement imitateur, s'identifie avec ce qui l'environne, en formant son imagination et son goût à ce qu'il voit et étudie tous les jours ; voilà pourquoi les Grecs ont posé les limites du beau dans les arts du dessin.

L'extrême facilité de Rubens, et sa prodigieuse fécondité, ont dû nuire à la perfection de son dessin. Entraîné par l'amour de son art et la vivacité de son imagination, il n'avoit pas conçu plutôt un tableau, qu'il falloit qu'il fût terminé. S'il est vrai, comme on le dit, qu'il ait exécuté en deux ans les vingt-quatre grands tableaux de la galerie du Luxembourg, qui sont actuellement au Musée du Roi, il falloit qu'il eût une facilité d'exécution surprenante. On sait d'ailleurs qu'au milieu des nombreux travaux qu'il exécuta comme peintre, pour divers souverains de l'Europe, il avoit encore à remplir près d'eux les devoirs de chargé d'affaires et d'ambassadeur de son gouvernement.

Je suis d'ailleurs persuadé que Rubens, né en Italie, élevé par le Perrugin, comme le fut Raphaël, au milieu des chefs-d'œuvre de l'antiquité, auroit acquis une bonne manière de dessiner, seroit devenu un peintre parfait, et auroit excellé dans l'une et l'autre de ces parties, que les gens à préjugés et à paradoxes, s'obstinent à regarder comme incompatibles.

CHAPITRE IV.

Considérations générales. — De la Nature de l'Ame. — Observations sur les Passions. — De l'Attention. — De l'Amour. — De la Coquetterie. — ˥ l'Amour paternel et maternel, etc., etc. — Co٠   ٠n.

§ Ier.

Considérations générales.

L'expression est en peinture ce que l'esprit est à l'homme ; c'est elle qui donne le sentiment, la vie et le mouvement à un tableau. C'est l'art d'imprimer aux personnages qui entrent dans une composition, les caractères, les mœurs et les passions qui conviennent aux différentes situations dans lesquelles ils se trouvent soit par rapport à eux-mêmes, soit par rapport aux autres. Cet art exige non-seulement une étude profonde du cœur humain, mais encore une connoissance parfaite de l'histoire des personnages que l'on représente ; il exige de plus la science de l'anatomie et de la physiologie. En effet, le peintre qui veut représenter un personnage, doit se mettre à sa place, et se demander à lui-même, ce qu'il auroit fait et pensé, si, élevé au même rang, à la même dignité, et animé par les mêmes passions, les mêmes sentimens, il eût été placé dans la même circonstance, porté aux mêmes honneurs, ou exposé aux mêmes humiliations que lui : après s'être ainsi interrogé, l'artiste doit ensuite consulter l'histoire, pour connoître les mœurs du temps et des lieux où se passe la scène, ainsi que les costumes, les cérémonies alors en usage dans les différentes classes du peuple chez lequel elle est placée. L'anatomie et la physiologie viendront aussi lui apprendre quels muscles de la figure mettent en mouvement telles passions et tels sentimens ; car ici l'expression ne pouvant être dans la parole, doit nécessairement se trouver dans le geste, l'attitude des personnages, dans le mouvement musculaire de la face, et de toutes les autres parties du corps.

La connoissance du caractère, du rang et de la dignité de chaque personnage est aussi nécessaire que celle de leurs costumes, parce que les mêmes sentimens, les mêmes passions, ne s'expriment pas de la même manière, chez le roi et le courtisan, chez le guerrier et le magistrat; le courage d'un général n'est pas celui d'un soldat, et enfin les passions du maître ne sont point celles de l'esclave. En voilà assez sans doute pour faire sentir quelle âme doit avoir, et à quelles études doit se livrer celui qui veut exceller dans la partie la plus sublime de la peinture, l'éthographie, ou l'art d'exprimer les mœurs et les passions des personnages. Par l'histoire, il connoîtra les mœurs, mais ce n'est que dans son propre esprit, dans son propre cœur, qu'il pourra trouver l'expression propre aux passions : nous invitons donc l'artiste à se livrer à l'étude de lui-même, qui est la source féconde de toute sagesse, et à ne pas oublier qu'un peintre aussi-bien qu'un poëte, doit être philosophe, c'est-à-dire connoître parfaitement les hommes de tous les rangs et de tous les états.

On peut lire sur les passions les Traités que nous ont laissés les grands physiologistes, tels que Bichat, Cabanis, et dernièrement le docteur Broussais ; on y trouvera des observations savantes relativement aux impressions que chacune d'elles excite sur les parties extérieures de la figure humaine, et les altérations qu'elles y produisent. Charles Le Brun a aussi fait un Traité des passions à l'usage des artistes, mais j'avoue que j'y ai trouvé des erreurs assez considérables pour m'engager à revenir sur cet ouvrage, et à traiter de nouveau cette matière importante dans un livre consacré à tous ceux qui se livrent à la culture des Beaux-Arts.

§ II.

De la nature de l'Ame.

Je me garderai bien de donner ici dans les subtilités et les raisonnemens des métaphysiciens de tous les siècles sur la nature de l'âme, cette question ardue seroit déplacée dans un Traité sur les Beaux-Arts. L'âme est le souffle de Dieu qui nous anime, c'est le *spiritus* ou la raison qui dirige l'homme ici bas, et le distingue des autres animaux. L'âme, a dit Platon, est descendue du ciel, où elle remonte en quittant le corps qu'elle a habité pendant un certain temps sur la terre.

L'âme *est toute intelligence, harmonie et amour.* Elle est pure dans son principe, mais les sensations physiques, qui agissent sur elle, et déterminent l'action de ses facultés, y donnent naissance aux sentimens et aux passions.

C'est dans l'expression de ces sentimens et de ces passions, que se font surtout remarquer le génie et le talent de l'artiste : on trouve dans le *Dictionnaire de l'Académie*, à l'article *âme*, un passage que je vais rapporter, parce que je le crois digne de l'attention des artistes et des amateurs, pour lesquels j'écris ces réflexions, sur l'expression des passions dans les arts du dessin.

« On doit donner de l'âme à un ouvrage,
» c'est-à-dire exprimer vivement les choses
» qu'on y présente, y mettre beaucoup de
» *feu*, *de vivacité*, et cela se dit, soit en
» parlant des orateurs et des poëtes, soit en
» parlant des peintres, des sculpteurs et des
» musiciens. »

L'âme n'est qu'un être de raison, qui n'a
ni forme ni couleur, et que, chez les anciens
comme chez les modernes, le peintre, le
sculpteur et le dessinateur, n'ont jamais exprimé autrement que par des *allégories*.

Les Grecs qui, comme tous les peuples
civilisés, croyoient à l'immortalité de l'âme,
l'ont représentée sous la forme d'un papil-
lon, ils l'ont appelée *Psyché*, et l'ont unie à
l'amour. Cette allégorie exprime très-claire-
ment que de l'union intime de l'intelligence,
ou *Psyché*, avec l'agent actif de la nature, qui
est le principe de tout ordre ou l'amour,
doit nécessairement naître l'harmonie de
l'univers. Cette idée ingénieuse est parfaitement figurée par un groupe antique, où

l'on voit Cupidon et Psyché, s'embrassant et se serrant si fortement qu'ils ne forment plus qu'un seul et même corps.

§ III.

Observations sur les passions.

L'homme a reçu en naissant des besoins et les moyens de les satisfaire. Ces besoins, lorsqu'ils ne sortent pas des limites naturelles, lorsqu'ils ne sont point dépravés par de mauvaises habitudes, tendent tous à la conservation des individus où à la propagation de l'espèce. Les moyens de satisfaire ces besoins, sont les sens et les organes du mouvement. L'homme est porté à aimer les objets extérieurs qui sont propres à sa conservation : ses desirs le portent à s'en approcher, et il est satisfait lorsqu'il peut se les procurer et en jouir ; enfin, par la même raison, il s'éloigne de tout ce qui peut lui nuire, et son aversion le porte à renverser tous les obstacles qui s'opposent à ses jouissances ; je dis à ses jouissances, puisqu'il n'est pas un seul besoin à la satisfaction duquel la nature n'attache un plaisir. Amour et aversion, voilà la double source de toutes nos passions, et le double mobile de toutes les actions des hommes.

Affection pour tout ce qui peut nous procurer du plaisir, aversion pour tout ce qui peut nous causer de la douleur. Ces deux passions contraires, qui tirent leur origine de notre sensibilité physique, nous sont communes avec tous les animaux dont l'organisation approche de la perfection de la nôtre.

Comme nos affections ne deviennent des passions que lorsqu'elles sont contrariées, il s'ensuit que, presque toujours, nos passions même les plus naturelles sont mêlées d'un sentiment pénible né de l'obstacle qui s'oppose à leur satisfaction.

Placé par l'Éternel à la tête de tous les êtres créés; chargé, en quelque manière, du gouvernement des autres animaux, et de la culture du globe qu'il habite, l'homme a reçu, avec des sens plus exquis que ceux de toutes les créatures animées, un besoin impérieux qu'aucune d'elles ne partage avec lui. Ce besoin est celui de se contempler soi-même, et de contempler avec soi tous les êtres avec lesquels il est en rapport : mais quelque parfaite que soit son organisation physique, il n'auroit jamais pu le satisfaire, s'il n'avoit pas été doué d'une intelligence sublime, au moyen de laquelle il pénètre dans les mystères les plus profonds de l'univers extérieur, et de sa propre constitution. C'est en vertu de cette intelligence, essence de son âme, qu'il réunit en lui seul les instincts de tous les autres animaux, domine sur eux, règle ses rapports avec ses semblables, et se commande, pour ainsi dire, à lui-même.

Les animaux les plus parfaits, même ceux qui vivent en société, ont une règle de conduite dont ils ne s'écartent jamais, à moins qu'ils n'en soient détournés par une force irrésistible. Toujours ils cherchent le plaisir et fuient la douleur; mais, en vertu de son intelligence, l'homme se crée des besoins, et renonce. quand il le veut, à la satisfaction de ceux qui sont naturels à ses sens. Par ces besoins factices etsociaux, les individus doués d'une grande intelligence vivent plus dans l'avenir et dans le passé que dans le présent, pour les autres que pour eux-mêmes, et par leurs facultés morales que par leurs facultés physiques. Cependant, comme la nature régit, par les mêmes lois, tous les êtres organisés vivans,quelque opposée que puisse paroître, dans cette certaine circonstance, la conduite de l'homme, l'instinct impérieux de sa conversation individuelle et de celle de son espèce; il n'en est pas moins vrai qu'elle tend toujours à le satisfaire, mais par des voies plus éloignées et moins directes que les brutes : en un mot, il n'en est pas moins vrai que l'amour du plaisir et la crainte de la douleur, sont les deux principes de toutes les passions de l'homme, et les mobiles de toutes ses actions. Ce qui rend ses passions, tantôt plus délicates , tantôt plus fortes, tantôt plus calmes, tantôt plus impétueuses et plus violentes que chez les autres animaux, c'est qu'elles sont réglées par un sentiment de prévoyance , né chez lui de cette intelligence que la nature n'a accordée qu'à sa seule espèce.

S'il se prive aujourd'hui, c'est pour mieux jouir demain : l'homme religieux qui renonce à tous les plaisirs de la vie, est soutenu et encouragé, dans ses privations, par l'espérance d'une éternité de délices. C'est ainsi que, dans des milliers de circonstances que je pourrois citer, l'homme souffre un mal actuel, dans l'espoir d'un bien qui n'existe pour lui que dans un avenir très-éloigné. Je préviens que, dans ce Traité, je ne considérerai les passions que sous le rapport des impressions qu'elles produisent sur les facultés intellectuelles, et sous celui des mouvemens musculaires qui, résultant de ces impressions, déterminent l'expression de la figure humaine.

Charles Le Brun a souvent outré les passions dans les dessins qu'il a joints à son Traité. Il seroit dangereux de le prendre pour modèle ; car, dans certaines de ses têtes, les passions, non-seulement sont défigurées, mais même assez souvent poussées jusqu'à la convulsion.

Winckelman, qui est loin d'être impartial dans les jugemens qu'il a portés des peintres français, s'exprime ainsi, au sujet de l'ouvrage de Le Brun : « Chez les modernes, l'expression du visage ressemble aux masques des anciens, qui, par cette raison, étoient difformes. Cette expression exagérée a même été réduite en théorie dans *le Traité des Passions* de Charles Le Brun, ouvrage que l'on met entre les mains des jeunes gens qui se destinent à l'art. Il croit enseigner l'expression de la même manière que Diogène enseignoit à vivre. » Quelque sévère que soit ce jugement de Winkelman, on ne peut pas s'empêcher de reconnoître qu'il est juste ; mais il nous semble qu'un connaisseur et un amateur aussi habile et aussi judicieux, ne devoit pas se borner à indiquer les défauts de l'ouvrage du premier peintre de Louis XIV, et qu'il appartenoit à un homme aussi plein de goût. et aussi versé dans l'étude des chefs-d'œuvre de l'art, d'indiquer aux élèves des exemples propres à les diriger dans une carrière aussi difficile que celle de l'expression en peinture. C'est cependant ce qu'il n'a pas fait et voilà pourquoi je vais m'efforcer de remplir une tâche dont il seroit à desirer qu'il se fût chargé lui-même.

§ IV.

De l'Attention.

L'attention est le principe de nos affections, et Charles Le Brun s'est trompé en la comptant au nombre de nos passions ; car c'est une faculté de l'âme, en vertu de laquelle nous dirigeons un ou plusieurs de nos sens vers un objet unique, dont notre esprit a été plus fortement frappé que de tout autre, et dont il veut acquérir une connoissance parfaite. Toutes les sensations ne sont pas capables de fixer notre attention, et quand une fois elle est fixée sur un objet, elle ne peut en être détournée que par une forte impression. Par exemple, un jeune homme entre dans un salon, il y trouve un cercle nombreux de dames, il le parcourt d'un coup d'œil et n'en conçoit d'abord qu'une idée vague et confuse, mais tout à coup ses regards se portent sur l'une d'entre elles ; elle surpasse toutes les autres en grâces et en beauté ; il éprouve à son aspect un plaisir, qui jusqu'alors lui étoit connu, alors il porte sur elle toute son attention ; si elle parle ; il n'entend que le son de sa voix, si elle marche, il ne considère que l'élégance de sa taille et la souplesse de ses mouvemens; enfin il lui donne toute son attention. Si l'amour vient parler à son cœur, cette attention alors deviendra telle, qu'elle s'emparera de l'âme tout entière, et la rendra incapable de toute impression, qui ne sera pas produite par une sensation violente. Il n'est pas toujours nécessaire qu'un objet soit présent à nos sens pour fixer exclusivement notre attention, et nous rendre insensible à tout autre, il suffit que son idée soit gravée profondément dans notre mémoire, et présente à notre pensée.

Archimède assis sur un rempart de Syracuse, est si fortement occupé d'un problème de mécanique, que ni le bruit des Romains qui s'emparent de cette ville, ni les cris de ses concitoyens expirans sous les coups des vainqueurs, n'étant capables de le distraire, il reçoit le coup de la mort sans avoir aperçu le soldat qui le lui a porté; La Fontaine qui passa, par un froid affreux, une journée entière à méditer une fable, assis sur un banc et en plein air, sont deux exemples qui prouvent manifestement, que rien, sinon la plus violente impression, ne peut quelquefois distraire une attention fortement occupée. Je pourrois en citer mille autres.

Selon Charles Le Brun, « les effets de » l'attention sont de faire baisser et rappro- » cher les sourcils du côté du nez, tourner » la prunelle vers l'objet qui la cause, ou- » vrir la bouche, et surtout la partie supé- » rieure, baisser un peu la tête et la rendre

» fixe sans aucune altération remarquable. »

Cette définition de Le Brun n'est ni complète, ni exacte, ni vraie, non plus que le dessin dont elle est accompagnée. Elle n'est ni complète, ni exacte, parce que l'attention que nous prêtons aux objets que nous aimons, n'est pas la même, et ne s'exprime pas de la même manière que celle que nous prêtons à ceux que nous craignons ou qui nous déplaisent. L'attention produite par les sensations qui nous viennent par la vue ne peut s'exprimer non plus de la même manière que celle qui résulte des sensations qui nous viennent par l'ouie ; enfin chaque sensation produit un genre d'attention qui lui est propre, selon qu'elle est agréable ou désagréable, et selon le sens dont elle tire son origine.

La définition de Le Brun n'est pas vraie, parce qu'elle ne peut appartenir à l'attention simple, mais à l'attention mêlée de passions.

En effet l'attention, soit qu'elle soit la suite d'une sensation, soit qu'elle soit produite par une idée conservée dans la mémoire, et présente à la pensée, n'agit dans le premier cas que sur le sens qui l'a produite, et sur lequel elle réagit, elle retient toutes les autres parties du corps dans la plus parfaite tranquillité; et, dans le second cas, elle ne peut être exprimée que par la plus grande immobilité de tous les muscles de la figure.

L'attention que Le Brun a exprimée dans son dessin est combinée avec la crainte, car il a froncé les sourcils de la figure, à laquelle il a de plus, imprimé la sensation de la douleur, puisqu'il a ouvert la bouche, ce qui ne peut avoir lieu dans l'attention simple et exempte de passion, qui ne peut jamais mettre en action que le muscle propre à l'investigation de ce qu'elle cherche, ou à l'exécution de l'opération qu'elle dirige. L'attention mêlée de passion ne peut être l'objet de ce paragraphe, puisqu'elle n'est que le principe de cette passion elle-même; je n'y parlerai donc que de l'attention simple.

Le Brun dit que, pour exprimer l'attention, il faut baisser un peu la tête, oui, la tête du botaniste, qui examine une plante dans un parterre; mais celle de l'astronome qui cherche à lire dans les cieux, la baissera-t-on? Non, sans doute; il faudra bien que la tête de celui-ci soit élevée, puisque ses regards doivent être dirigés vers l'objet qui l'occupe. On en voit un bel exemple dans le *Baptême de Jésus-Christ*, par Poussin, où deux jeunes gens ont les yeux fixés sur le Saint-Esprit, qui descend du ciel.

Voyez dans le tableau de l'*École d'Athènes*, par Raphaël, le groupe qui entoure Bramante, oncle du peintre, et architecte du Vatican; tandis que ce personnage trace une figure de géométrie sur une ardoise, remarquez l'attitude de tous ceux qui l'environnent, et particulièrement celle de Frédéric de Gonzague, duc de Mantoue : son corps penché, son geste, ses yeux baissés, tout peint ici l'attention profonde. Rien ne peut distraire le duc de l'objet qui l'occupe.

Dans le même tableau, Pythagore, assis et occupé de son système des nombres, est encore un modèle parfait de l'expression qu'il convient de donner à l'attention. Je peux citer aussi, pour exemple de cette expression, le jeune écrivain du tableau de Raphaël, connu sous le titre de *Discussion sur la Présence réelle dans la sainte Hostie.* On peut consulter surtout comme des modèles à suivre les têtes de la Sainte-Famille, dont les regards sont tous dirigés sur l'Enfant-Jésus; celles de deux vierges, l'une dite la belle *Jardinière;* l'autre du tableau dit le *Sommeil de l'Enfant-Jésus.* Ces trois dernières productions sont au Musée du Roi. On remarquera encore dans le célèbre tableau de *la Transfiguration,* du même auteur, un vieillard observant avec attention les mouvemens du jeune épileptique représenté dans un de ces accès si pénibles à voir, que, dans les temps d'ignorance, on regardoit les malheureux qui en étoient frappés comme des possédés du démon.

La figure du chirurgien dans le tableau du Claessens, représentant le supplice d'un juge prévaricateur, exprime parfaitement l'attention simple et impassible. Le malheu-reux supplicié pousse des cris horribles, tandis que le chirurgien, qui vient de lui enlever la peau du bras et lui enlève actuel-lement celle de la cuisse, uniquement oc-cupé de son opération, reste insensible aux cris du patient. Ce calme imperturbable d'un chirurgien écorchant un homme vi-vant, comme s'il étoit mort, inspire l'hor-reur et l'effroi.

Au reste, dans certaines circonstances, l'attention s'exprime par l'attitude du corps et par le geste, aussi-bien que par les mus-cles de la face; il en est de même pour les passions.

Dans le tableau de *l'Extrême-Onction*, Poussin a peint un adolescent se haussant sur la pointe des pieds pour lever sa tête au-dessus de celles de ses frères, dans le des-sein d'examiner ce qui se passe dans une cé-rémonie nouvelle pour lui. Son père expi-rant ne l'occupe point, et toutes les facultés de son âme sont concentrées dans l'atten-tion qu'il porte à l'objet de sa curiosité. Cette production de Poussin est la plus belle de toutes les compositions dramatiques connues.

Dans le tableau de la *Générosité d'Alexandre*, par Le Sueur, rien de plus vrai et de plus remarquable que l'attention avec laquelle le roi observe son médecin, à qui il a donné à lire un écrit dans lequel on lui annonçoit qu'il seroit empoisonné par la médecine que celui-ci lui présenteroit. Si Le Sueur a fait une faute, c'est d'avoir peint Alexandre portant la coupe à sa bouche : ce vase devoit être renversé dans sa main, et son bras, dans l'inaction, devoit être mollement posé sur le lit. Par-là le peintre auroit exprimé clairement la confiance que ce roi avoit dans la fidélité de Philippe, et le mépris qu'il faisoit d'un écrit, fruit de l'artifice des ennemis de ce médecin, auquel, selon l'histoire, il ne le donna à lire qu'après avoir bu la médecine contenue dans la coupe. Mais dans le tableau de Le Sueur le roi paroît hésiter, puisqu'il regarde Philippe avant de boire. *Colin de Vermont*, autre peintre français, n'a pas fait la même faute en traitant le même sujet; mais, malgré son exactitude dans l'expression, son tableau est loin de présenter autant de beautés remarquables que celui de Le Sueur.

Au reste, toutes les fois que l'attention a fait naître une passion, ou qu'elle est dirigée vers un objet par une passion antérieure, ce n'est plus l'attention simple; et son expression doit être modifiée par celle de la passion, ainsi que je le ferai observer en parlant des passions elles-mêmes.

§ V.

De l'Amour.

L'amour est à la fois la plus naturelle et la plus puissante des passions. L'amour gouverne le monde, *omnia vincit amor*, ont dit les anciens. Cette passion occupera donc le premier rang dans mon ouvrage, comme elle l'occupe dans la nature.

L'amour est un sentiment vif qui se développe en nous à l'aspect de l'individu qui nous plaît, et avec lequel nous avons des rapports communs et des convenances essentielles et harmonieuses.

Ce sentiment émane d'abord de l'âme, et non pas de nos dispositions physiques. Cette opinion n'est pas nouvelle; et, toute platonique qu'elle soit, elle ne doit pas son origine à Platon. Elle est exprimée dans des monumens, où l'union de *l'Amour avec Psyché* indique assez, d'une manière allégorique, que les anciens, comme je l'ai déjà fait voir, regardoient l'amour comme une émanation de l'âme.

Ce sentiment est d'autant plus violent que, né de l'âme, il se fortifie par le principe actif de la nature physique, auquel il faut toujours qu'il se rattache. C'est dans cet état d'union que l'amour devient une passion aveugle, et qu'il convient de le figurer avec un bandeau sur les yeux. A l'instant même de son origine, il est toujours pur comme l'âme, d'où il la tire.

L'amour physique peut donc être considéré comme le frère *puîné* de l'amour parfait ou sentimental. Nul doute que l'un ne puisse exister sans l'autre; mais leur force et leur énergie naissent de leur union; ils se fortifient mutuellement; et, quand une fois ils se confondent, rien ne peut abréger la durée de leur existence.

Les anciens donnoient à l'amour un frère qui lui étoit opposé; l'Amour s'appeloit Éros, et son antagoniste s'appeloit Antéros. Tous deux, fils de Vénus, ils se ressembloient parfaitement. On les représentoit allégoriquement comme deux enfans ailés se disputant une palme. Ovide dit que les flèches de l'amour sont de deux sortes : les unes dorées et fort pointues, allumant le feu intérieur; les autres, armées de plomb, le chassent ou l'éteignent.

Il n'est pas étranger à mon sujet de rapporter ici les différentes manières dont les anciens représentoient l'amour considéré comme une divinité

Ils le peignoient ordinairement sous les traits d'un enfant ailé, nu, armé d'un arc et d'un carquois, quelquefois sans bandeau, mais le plus souvent avec un bandeau sur les yeux. Ses ailes étoient couleur d'azur, de pourpre et d'or.

Au reste, ils ont singulièrement multiplié les représentations de l'amour; et leurs allégories à cet égard sont toutes fines, spirituelles, marquées au coin du génie et aussi variées que nombreuses. L'une des plus heureuses se trouve sur un camée de la galerie de Florence : on y voit l'amour sous les traits d'un enfant ailé, pinçant de la lyre, et monté sur un lion dont il contient la férocité : dans les mains de l'amour, la lyre, symbole de l'harmonie, qui anime et vivifie tout, exprime que rien ne peut exister sans un accord parfait entre les corps, et entre les parties ou les molécules dont ils se composent. C'est ainsi que l'amour, uni à l'harmonie, devient le maître des dieux, des hommes, des animaux, le vainqueur des vainqueurs, et que Jupiter lui-même est obligé de se soumettre à ses lois.

On représente aussi l'amour dans l'adolescence, mais avec les mêmes attributs et toujours impubère. Les peintres et les sculpteurs trouveront des modèles parfaits de l'amour, représenté sous cette forme, dans les monumens de l'antiquité, ainsi que dans les belles peintures de *Raphaël*, de *Jules Romain* et de *l'Albane*. Michel-Ange avoit trop d'énergie pour représenter l'amour : son crayon, mâle et vigoureux, ne pouvoit se plier à la souplesse des formes du fils de Vénus ; et, quand il a voulu peindre ce dieu, il en a fait un *Hercule* enfant. Ne concluons pas de là que ce grand peintre ait été inaccessible aux sentimens de l'amour ; personne n'ignore qu'il aima passionnément la célèbre marquise de *Pescaire :* il lui adressoit des sonnets imités de Pétrarque ; et en voici un qui ne sera pas déplacé ici :

> . . . . Dimini di grazia amor, se gli ochi miei
> Veggono il ver della belta ch'io miro,
> O S'io ! l'ho dentro al cor, che avenaque giro,
> Veggo più bello il viso di costei.

Cette dame habitoit Viterbe, et venoit souvent à Rome voir Michel-Ange qui, plein de respect pour elle, sut couvrir sa passion d'un voile si épais, qu'elle ne fut connue qu'après la mort de celle qui en étoit l'objet. Cette mort inopinée frappa tellement cet amant discret, qu'elle le mit dans un état voisin de la folie. Il fondoit en larmes, et se reprochoit douloureusement de n'avoir pas osé donner au front de la marquise un baiser qu'il imprima sur sa main, la dernière fois qu'il la vit. Cette conduite, pleine de retenue et de discrétion, fait le procès à celle de J.-J. Rousseau, qui s'est plu par orgueil à faire connoître dans ses livres les femmes respectables qui avoient eu des foiblesses pour le grand homme.

Maintenant examinons comment il convient de représenter l'amour dans un tableau ou dans une statue. S'il s'agit d'exprimer l'amour pur et sentimental, on choisira le sujet que l'on veut animer de ce sentiment, dans l'âge de puberté, âge de perfection selon les anciens. S'il est en présence de l'objet aimé, son regard, doux et animé, sera fixé sur lui; s'il est seul, ce même regard sera perdu, c'est-à-dire porté hors du tableau ; il aura, dans tous les cas, la bouche et les narines entr'ouvertes ; un léger souris déterminera la forme des joues, et l'épaisseur qu'il convient de donner à la commissure des lèvres. L'amour parfait est un sentiment qui survit à tout ; l'être qui en est animé, doit avoir une attitude noble et impassible ; son geste et son regard doivent être également pleins de douceur et de modestie ; enfin l'harmonie, la grâce et la beauté, doivent se montrer, en tout ou en partie, dans l'organisation de sa figure.

Le peintre ou le statuaire ne négligera rien pour la perfection du sujet ; il pourra, dans tous les cas, consulter comme un modèle de perfection, l'amour que l'on attribue à Praxitèle, et qui, selon Pline, ornoit encore de son temps le beau portique d'Octavia. Ce reste précieux d'un chef-d'œuvre, découvert dans un lieu appelé Centoule, est déposé au Vatican ; on l'a vu, pendant plusieurs années, au Musée de Paris. Enfin, pour l'ensemble général des formes qui conviennent à l'amour parfait, je conseille encore aux artistes de consulter les belles statues grecques d'*Adonis*, d'*Antinoüs*, et de *Méléagre* amoureux.

Les Indiens ont un dieu de l'amour, qu'ils nomment Manmadin ; ils le font fils de Vichnou et de la déesse *Lachimia*, comme les Grecs ont fait Cupidon fils de *Mars* et de *Vénus*. C'est Manmadin qui inspire l'amour aux mortels ; il est monté sur un perroquet ; son arc est de canne de sucre ; la corde ainsi que les flèches sont de fleurs. Il osa lancer une de ces flèches contre *Chiven*, qui le réduisit en cendres, pour le punir de sa témérité ; mais, touché par les prières des Sages et par celles de la déesse Radri, femme de Manmadin, Chiven, dieu créateur, lui rendit la vie, à condition qu'en continuant ses fonctions d'inspirer les desirs, il ne seroit visible que pour sa femme, et invisible pour tout autre. Suivant la croyance des Indiens, Manmadin et sa femme Radri sont les plus belles des créatures, et conservent la fraîcheur d'une éternelle jeunesse.

§ VI.

De la Coquetterie.

La coquetterie est la fille chérie de l'amour-propre, mais quelquefois l'amour s'en fait précéder pour tourmenter indistinctement les cœurs des hommes et des femmes. Je vais essayer de donner une légère idée de ce sentiment purement personnel, ou plutôt superficiel. Quoiqu'il soit et doive être étranger aux arts dépendans du dessin, quoiqu'il ne se montre guères que dans la poésie ou la littérature, je vais tâcher de le définir, parce que plus d'une fois un peintre ou un sculpteur s'étant mis au travail avec un penchant à la coquetterie, trompé par cette disposition de son âme, a porté dans sa composition ainsi que dans l'expression et l'attitude de ses personnages, des prétentions qui dégénèrent en un défaut insupportable que l'on nomme généralement *afféterie*.

La *Vénus de Médicis*, dans son attitude et ses mouvemens, montre plus de coquetterie que la *Diane*, et moins que la *Vénus Callipyge*. La *Vénus de Médicis* inspire ce que *Diane* n'inspire pas : l'amour et la volupté. On peut dire que Raphaël, l'ange de la peinture, a mis plus de coquetterie dans son tableau de *la Sainte Famille*, que dans tout ce qu'il a peint au Vatican. *La Vierge à la Chaise* est un chef-d'œuvre de grâce et de beauté ; mais *cette Vierge et l'Enfant Jésus* montrent une sorte d'afféterie dans les attitudes et les airs de tête, qui distinguent cette production des autres ouvrages de Raphaël. Il semble que Marie soit uniquement occupée de plaire au spectateur, par un regard agaçant et des mouvemens arrondis, et songe peu à son Fils, qui devroit être l'objet de sa sollicitude. Ce tableau, du plus grand peintre du monde, prouve que son auteur, en le composant, étoit animé du desir de plaire et de séduire ; et, en effet, on prétend que cette belle Vierge est le portrait d'une femme dont il étoit épris. Michel-Ange, le sévère Michel-Ange, n'a pas été exempt d'afféterie dans l'invention de ses figures ; et la beauté des Vierges de Léonard de Vinci est plus calculée que naturelle.

Corrège, Guide et Mignard, ont mis plus d'afféterie dans leurs productions que les autres peintres. Ce dernier, dans quelques ouvrages, a porté l'affectation jusqu'à la fadeur ; rien n'y est naturel ; les formes de son dessin sont si arrondies, son coloris si recherché, son exécution si molle et si caressée, que Louis XIV, qui aimoit les artistes, affectoit de donner à celui-ci qui se nommoit *More*, le surnom de Mignard, que l'on avoit déjà donné à son père par allusion à ses petites manières. Je ne crois pas qu'il ait jamais paru une peinture plus singulière que celle de la *famille de Darius,* que Mignard fit en concurrence avec Le Brun. La femme, la mère et les filles du roi de Perse, sont des princesses ridicules habil lées à la Turque, et Alexandre n'est qu'un héros d'opéra, bien emplumé et sans noblesse. Le tableau de Le Brun n'est pas, à la vérité, un chef-d'œuvre ; mais, sous le rapport de la composition et des expressions, il est de beaucoup au-dessus de celui de Mignard.

La grande réputation de la famille de Darius, par Le Brun, est surtout due à la belle gravure d'Édelinck ; et ce n'est pas la première fois que le burin d'un graveur ait, par sa pureté et sa beauté, rendu plus célèbres les tableaux d'un grand maître. Je ne connois point, d'ailleurs, d'ouvrage où la coquetterie de l'artiste soit plus évidente que dans *la Madeleine* de Le Brun, tableau dans lequel on a voulu reconnoître les traits de madame de Lavallière, parce qu'elle l'avoit commandé, et ensuite déposé dans l'église des dames carmelites de la rue d'Enfer, couvent où elle s'étoit retirée et où elle a fini ses jours. Ce tableau n'est qu'afféterie, et l'on n'y trouve aucune observance exacte des élémens de l'art, que l'on puisse présenter à l'attention d'un élève; tout y est faux et prétentieux : la pénitente n'est pas même une coquette corrigée, puisque son repentir est encore plein de coquetterie ; son attitude est celle d'une actrice sans naturel, et cherchant, faute de talent, à captiver le parterre par la beauté de ses bras qu'elle étale mal à propos. Elle n'est ni debout ni assise ; ses vêtemens sont fastueux, et manquent de vérité ; tout est d'un taffetas qui ne produit pas un beau plis ; le coloris du tableau est foible et sans effet ; la tête de la Madeleine, quoique idéale, est ce qu'il y de mieux dans l'ouvrage. Enfin, je ne crains pas de dire que le principe d'une affectation aussi ridicule, n'est peut-être autre chose que le sentiment d'une coquetterie capable d'anéantir les plus beaux talens dans les arts du dessin.

On me dira peut-être que ce genre de coquetterie n'est point une passion ; je le veux bien : mais on m'accordera du moins que c'est une disposition de l'âme, capable d'exercer une influence funeste sur les productions de l'artiste qui en est affecté au moment qu'il sculpte, qu'il dessine ou qu'il peint. Pour définir cette disposition, je dirai que c'est une envie démesurée de plaire par toutes sortes de moyens, et je la diviserai en deux espèces.

La coquetterie de la première espèce paroît être naturelle; et, quand elle ne se combine, ni avec l'orgueil, ni avec l'égoïsme, elle est permise; mais, mêlée avec ces deux passions, elle devient un vice du cœur, elle en détruit la sensibilité.

Il est une autre coquetterie qui, combinée par l'esprit avec les convenances, la politesse et les grâces, rend celui qui la possède fort aimable, et en fait le charme de la société.

En amour, la coquetterie est le faux semblant de ce que l'on voudroit être, et un voile jeté sur ce que l'on est. Cette sorte de coquetterie prend toutes les formes et toutes les couleurs, et change de nuances avec le caractère de chaque individu qui en est atteint.

La coquetterie naturelle n'a qu'un seul but, c'est celui de plaire à l'objet aimé;

toutefois, si elle ne se borne pas à ce but unique, cette disposition chez les peuples civilisés est prise en mauvaise part, et elle a toujours figuré sur nos théâtres comme un travers du cœur.

Une femme dont la coquetterie se mêle à un excessif amour de soi-même, n'est pas à l'abri des sentimens de l'amour, mais perpétuellement dominée par son égoïsme, elle ne sacrifie que par caprice au fils de Vénus. Elle reçoit tous les hommages des hommes qu'elle met à ses pieds ; elle se plaît à nourrir leurs passions, leur jalousie ; excite entre eux des querelles, et rit de tous les maux qu'elle leur cause. En effet, la coquetteorgueilleuse règne en souveraine sur les esclaves dont elle a su s'entourer, et qu'elle subjugue par les charmes de sa figure, et par les grâces de son esprit; son soin unique pour conserver ses nombreuses conquêtes, c'est de leur laisser à toutes assez d'espoir pour ne pas les rebuter entièrement, et son unique plaisir est de les tracasser journellement, de leur présenter et de leur ravir alternativement la coupe du bonheur, de rire de leurs tourmens, sans avoir pour aucun, ni affection réelle, ni même le moindre de ces sentimens de tendresse ou de pitié, auxquels son cœur fut toujours étranger.

Je connois une coquetterie plus aimable, et qui n'est pas celle de l'égoïsme, et de l'orgueil : c'est celle qu'une femme spirituelle, adroite et jolie porte dans la société pour en faire le charme, et se garantir elle-même des tentatives de ses courtisans. Elle se joue de ses adorateurs, mais c'est avec une grâce enchanteresse, avec un ménagement, avec une bonté, avec une délicatesse, et même avec une sorte d'affection qui caractérisent une excellente éducation, et lui concilient l'amitié de tous ceux qui ont le bonheur de la connoître. Ses prétentions, se bornant à inspirer les sentimens qu'elle veut payer de retour, elle s'arrête juste où il faut s'arrêter ; elle ne blesse jamais les convenances, et l'on ne s'éloigne d'elle qu'avec l'espoir et le desir de la revoir.

Il regarde ce genre de coquetterie comme

un badinage de l'esprit, auquel le cœur ne prend aucune part, mais qui ne l'empêche pas d'éprouver le sentiment délicieux de l'amour, d'en partager toute la pureté et les délices avec le mortel heureux qui a su l'inspirer. Enfin, cette coquetterie est un voile léger mais qui ne se lève que pour la personne aimée.

En résumé, les hommes ont leur coquetterie aussi-bien que les femmes. Elle fait partie de l'instinct de tous les animaux qui couvrent ce globe, ou qui habitent dans la mer, ou qui vivent dans les airs. La coquetterie comme l'amour tient au sentiment naturel de la conservation des espèces, mais comme elle est aveugle aussi-bien que lui, il faut que chez l'homme et chez la femme elle soit dirigée par l'esprit et modifiée par la raison.

Pour donner ici le modèle parfait d'une femme du monde, je rapporterai le portrait qu'on nous a laissé de Ninon de l'Enclos. » Volage dans ses amours, constante en amitié, scrupuleuse en matière de probité,

» d'une humeur égale, d'un commerce char-
» mant, d'un caractère vrai, propre à for-
» mer les jeunes gens et à les séduire ; spi-
» rituelle sans être precieuse , belle jusqu'à
» la caducité de l'âge , il ne lui manqua que
» la sagesse ; mais elle agit avec autant de di-
» gnité que si elle ne lui eùt jamais man-
» qué : jamais elle n'accepta les présens de
» l'amour. Ce qu'il y a de plus étonnant c'est
» que cette passion, qu'elle préféroit à tout,
» lui paroissoit une sensation plutôt qu'un
» sentiment, une illusion passagère qui ne
» suppose aucun mérite dans celui qui la
» prend, ni dans celui qui la donne.»

D'après cela, on voit Ninon grande et généreuse dans ses amours : et en ce point, sa
conduite est remarquable ; mais peut-on
supposer que cette femme charmante et spirituelle, ait réduit l'amour à une simple sensation physique, et n'ait pu y reconnoître
le charme d'un sentiment moral ? Je ne le
crois pas. Quelque fugitif que puisse être
le sentiment de l'amour, il précède toujours
la sensation, et la vivacité de cette sensation

est toujours en harmonie avec le sentiment qui l'a précédée. S'il en étoit autrement, le plaisir de l'amour serait toujours en raison des dispositions physiques où l'on se trouveroit au moment de l'entrevue, et de celles de la personne avec laquelle on seroit en relation.

Ninon elle-même prouve que je ne me trompe pas sur ce que je pense de son opinion à cet égard : selon l'historien que j'ai cité « un goût décidé pour la liberté l'empê- » cha de prendre aucun engagement soli- » de : *une femme sensée, disoit-elle, ne doit » jamais prendre de mari sans le consen- » tement de la raison, et d'amant sans l'a- » veu du cœur.* » Or Ninon ne se croyoit pas folle, et je demande ce que c'est que cet aveu du cœur, si ce n'est le sentiment de l'amour, qui, comme je l'ai dit, précède toujours les sensations.

La beauté sans les grâces, disoit-elle encore, est un hameçon sans appât. Or, qu'est-ce que cet appât qu'ajoutent les grâces à la beauté, si ce n'est le sentiment de l'amour? Il y a dans cette pensée de Ninon, du sentiment, du goût et même du trait.

Demahis a dit, au sujet de cette femme célèbre :

« Ninon. . . . .
» Foible et friponne, tour à tour ,
» Eut trop d'amans pour connoître l'amour. »

L'amour constant, j'en conviens; mais cet amour léger qui épuise en un seul moment la quintessence du sentiment et de la sensation, pourquoi Ninon ne l'auroit-elle pas connu?

La conduite de Ninon envers la Châtre, conduite que tout le monde connoît, et le mot odieux plutôt que plaisant auquel elle donna lieu de sa part: *ah! le bon billet qu'a la Châtre*, prouve qu'elle n'avoit pas toujours toute la générosité qu'on lui attribue en amour, car en cette circonstance elle en manquoit avec l'amant présent aussi-bien qu'à l'égard de l'absent.

Mais tout cela n'empêche nullement que Ninon ait éprouvé en amour ce sentiment, qui distingue l'espèce humaine des brutes, qui ne connoissent que les sensations de cette passion.

Il est difficile de donner une idée de chacune des expressions dont l'amour est susceptible ; ses nuances sont si nombreuses et si diverses, il se mélange de tant d'autres passions, qu'il faudroit plus d'un volume pour les indiquer toutes. Mais le livre de la nature est ouvert sous les yeux de tous les artistes ; c'est à eux de l'étudier, et d'y chercher des modèles et des leçons.

La coquetterie naturelle est facile à exprimer en peinture aussi-bien qu'en poésie : c'est Galatée qui, après avoir averti son amant de sa présence, se cache derrière le feuillage d'un coudrier, à travers lequel elle veut voir l'impression qu'a produite le son de sa voix sur celui qu'elle aime. C'est un mélange d'amour et de pudeur, de foiblesse et de résistance ; c'est un art délicat de dissimuler ses desirs, pour en exciter de plus vifs, qu'il est toujours facile à un peintre ingénieux de rendre sensibles et intéressans. Quant à la coquetterie factice, comme elle n'est qu'une combinaison de l'amour-propre et de l'indifférence, que le mensonge du sentiment; comme elle ne part jamais du cœur, et qu'elle n'est qu'une création de l'orgueil et de l'esprit; et qu'enfin, elle n'est point l'ouvrage de la nature, mais celui de la dépravation des sociétés, elle peut avoir mille nuances ou mille grimaces différentes, sur lesquelles le plus habile peintre et le plus habile poëte ne parviendront jamais à jeter le moindre intérêt : ce n'est point un sentiment, ce n'est point une passion; c'est la dégradation de l'un, le simulacre de l'autre; et la poésie, ainsi que la peinture, ne doit jamais exprimer que la vérité.

§ VII.

De l'Amour paternel et maternel.

L'amour paternel, et surtout l'amour maternel, est une condition nécessaire à la conservation de la plupart des espèces d'animaux vivans qui couvrent le globe. Que de-

viendroient les petits des oiseaux et de tous
les quadrupèdes, si un instinct irrésistible
ne portoit pas leurs mères à les nourrir,
jusqu'à ce qu'ils aient la force de chercher et
de se procurer eux-mêmes les alimens qui leur
sont propres? Parmi les mammifères, il n'est
qu'un petit nombre d'espèces dont les mâles,
d'accord avec les femelles , donnent quelques soins à leurs petits; mais dans toutes
l'amour maternel est tellement prononcé,
qu'il inspire aux mères les plus foibles et
les plus timides, le courage de défendre leurs
petits contre les attaques de leurs ennemis,
et leur donne une activité, une prévoyance,
une intelligence, qu'elles sont loin d'avoir
dans d'autres temps. Les exemples de l'at-
tachement des femelles des animaux pour
leurs nourrissons sont si multipliés et si fré-
quens, qu'il est inutile d'en citer des exemples. La nature, à la vérité, a fixé cet amour
dans les bornes étroites du temps nécessaire
à l'éducation des petits, après lequel la mère
les abandonne, et ils l'oublient entièrement.
Mais quelle désolation, si on vient à les lui

enlever avant qu'ils puissent se passer d'elle!
Avec quel charme ravissant Ovide ne l'a-t-il
pas décrite, quand il compare la douleur
d'Orphée, après la mort d'Eurydice, à celle
de la femelle du rossignol, à laquelle le la-
boureur a ravi les fruits de son amour :

Qualis populeâ mœrens Philomela sub ombrâ
Amissos queritur fœtus, quos durus arator
Observans indo implumes detraxit : at illa
Flet noctem ramoque sedens miserabile carmen
Integrat, et mestis latè loca questibus implet.

Si la tendresse maternelle fondée, chez
les animaux, sur les besoins de leurs petits,
a pour limite la durée de ces besoins; chez
l'homme elle dure toute la vie, et, dans les
cœurs bien faits, elle se fortifie avec le temps.
Dans le principe, cette tendresse prend sa
source dans un plaisir mutuel, car, aussi-
bien que l'enfant a besoin de sucer le sein
de sa mère, celle-ci trouve une sorte de volupté à épancher la liqueur salutaire qu'il
contient. L'œil de la femme qui allaite exprime toujours un sentiment de satisfaction
physique et morale, et cette douceur qui

répand sur la physionomie d'une mère un charme angélique, dans cette circonstance. La tendresse maternelle n'est pas, comme chez les animaux, un instinct impérieux, qui double son énergie et son courage, mais c'est un sentiment de patience et de résignation qui la porte à veiller nuit et jour sur l'être dont la nature et l'amour lui ont confié le soin. Il n'est pas de sacrifice qu'elle ne soit prête à faire à ce sentiment sacré; non-seulement elle fera celui de ses jours pour sauver ceux de son enfant, mais encore ceux de sa propre dignité, de ses propres affections, de sa haine, de sa colère, de son ressentiment : tel est l'amour maternel d'Andromaque, dans la célèbre tragédie de ce nom. Ah! que Racine connoissoit bien le cœur d'une mère! Naturellement fière et orgueilleuse, la veuve d'Hector n'hésite pas, lorsqu'il s'agit du salut d'Astianax, d'implorer la pitié du fils d'Achille, auteur de la mort de son époux; de Pyrrhus, qui a lui-même égorgé une partie de sa famille, qui la tient dans une odieuse captivité; elle fait plus, elle se résigne à lui donner sa main, et à mourir après lui avoir fait le sacrifice de sa fidélité conjugale, pourvu qu'il protège son fils contre la haine que la Grèce entière porte au dernier des descendans de Priam. Certes il connoissoit le cœur d'une mère aussi-bien que Racine, ce Poussin qui a peint, d'une manière si admirable, le *Jugement de Salomon*. Ce tableau doit servir de modèle à tous ceux qui voudront rendre le sentiment qu'éprouve une mère qui voit son enfant près d'être immolé sous ses yeux ; elle aimera mieux renoncer à son fils que de lui voir perdre la vie. Je cite ce tableau, parce qu'il exprime à la fois et la tendresse d'une véritable mère et les sentimens de celle qui, ne l'étant pas, veut passer pour l'être. Deux femmes se disputent un enfant : l'une en est la mère, l'autre prétend l'être. L'affaire est douteuse, comment la décider ? « Qu'on partage cet enfant en deux, et qu'on en donne une partie à chacune de ces femmes, » dit le sage Salomon. L'une y consent, l'autre renonce à son titre de mère, et cède son enfant, pour l'arracher à la mort. « Celle-ci est la véritable mère, » dit le roi ; et la contestation est terminée. Les peintres et les poëtes ont souvent l'occasion de présenter l'amour maternel porté à la dernière extrémité par le danger de l'être qui en est l'objet ; et je ne crois pas que les uns et les autres puissent trouver de plus beaux exemples à suivre dans l'expression de cette passion, qui domine tous les intérêts et est au-dessus de tous les sacrifices, que dans Racine et Poussin.

J'ai dit que, dans les cœurs bien nés, l'amour maternel se fortifioit avec le temps ; et c'est encore une suite naturelle de la nature de l'homme, dont l'éducation physique n'est finie qu'à vingt-cinq ans, et dont l'éducation morale ne finit jamais qu'avec la vie. Voilà pourquoi chez les peuples civilisés et même chez les sauvages, qui, quoi qu'on en dise, ont aussi une éducation morale, l'amour maternel diminue d'intensité à mesure que les enfans, surtout les mâles, croissent et se fortifient ; tandis que l'amour paternel suit la progression contraire, c'est-à-dire qu'il se fortifie avec les êtres qui en sont l'objet.

Il est certain que tel père qui auroit vu d'un œil sec périr son fils au berceau, inondera sa tombe de larmes, si la mort vient le lui ravir lorsque son éducation physique et morale aura déjà fait quelques progrès. Il ne m'appartient pas de rendre compte, dans cet ouvrage, de la cause de cette différence, entre l'amour maternel et l'amour paternel, mais il est certain qu'elle existe ; il est certain de plus qu'il étoit nécessaire aux fins de la nature, que l'amour de la mère fût plus vif et plus empressé pour les enfans qu'elle allaite, que celui du père, qui est obligé d'aller souvent au loin pour pourvoir à la subsistance de la famille. Dès que les enfans sont en état d'agir et de raisonner, de porter leur secours à leur père, et de lui faire compagnie, il est naturel que son amour s'accroisse, et que ses soins pour eux deviennent plus vigilans et plus empressés, surtout lorsqu'il les voit fructifier. Toutefois l'amour d'un bon père n'a jamais la vivacité et les tendres empresse-mens de celui d'une bonne mère, il est toujours modéré par la raison et mêlé de quelque sévérité. Cela étoit nécessaire au succès même des conseils et des soins d'un père, pour l'éducation physique et pour le développement de l'intelligence des enfans.

On a vu des pères sacrifier leurs filles ou leurs fils à des considérations puissantes, et l'histoire en offre plus d'un exemple. Mais que d'affreux regrets, que d'horribles tourmens ce sacrifice ne porte-t-il pas dans un cœur paternel! Je n'ai jamais vu ces regrets, ces tourmens, mieux exprimés que dans la figure de Brutus, du tableau de M. David : en vain l'amour de la patrie combat dans le cœur de ce père, des sentimens bien plus naturels, ils triomphent, et tout, jusqu'au moindre mouvement de sa figure, annonce l'horrible état de son âme.

L'amour maternel et l'amour paternel, purs et sans mélange, ont chacun leur expression particulière. Chez la mère, ce doit être une

expansion entière de toutes ses facultés morales, un épanouissement libre de tous les
muscles de la face; il doit briller dans les
yeux, sur le front, sur les joues, et s'exprimer par un doux sourire. Chez le père, la
réflexion, la raison, doivent modérer cette
expansion et cet épanouissement; et s'ils
ont lieu en présence de la mère, ils doivent
être aussi modifiés par l'expression de l'a-
mour conjugal.

Les tableaux de Greuze offrent, a cet égard,
plus d'un modèle digne d'être imité au moins
sous le rapport général de l'expression.

§ VIII.

De la Piété et de l'Amour filial.

Ce sentiment fondé sur la nature, la reconnoissance, les lois et la religion, a été,
lorsquil n'est troublé par aucune passion
contraire, souvent exprimé avec une perfection dont il seroit inutile de citer aucun
exemple particulier. Au reste, comme il est
la base et le principe de la société, il doit

toujours, avec l'expression de la tendresse, porter le caractère du respect et de la subor-dination.

§ IX.

De la Joie.

La joie est une affection douce, un mouvement agréable, souvent délicieux, imprimé à notre âme par la présence, ou par l'idée d'un objet qui nous plaît et qui nous charme. Il ne faut pas la confondre avec cette folle gaieté, qui naît des plaisirs bruyans, des fêtes, des jeux tumultueux, des grandes assemblées, plutôt faits pour agiter l'esprit que pour le récréer, ou lui procurer une douce satisfaction et une agréable tranquillité. La joie est un sentiment dans lequel l'âme se complaît tant, que tout ce qui peut l'en distraire lui paroît fâcheux; c'est un plaisir doux, agréable, tranquille, qui rend l'esprit content et satisfait de lui-même.

La joie qui succède subitement à un violent chagrin, peut porter dans le cerveau un trouble capable de donner la mort; la joie intérieure est toujours accompagnée du calme et de la sérénité des traits : quand elle se manifeste au dehors , elle provoque le rire.

Voici l'expression que Charles Le Brun donne à la joie. « On ne remarque, dit-il , » que peu d'altération dans le visage de ceux » qui ressentent les douceurs de la joie : le » front est serein, le sourcil sans mouvement, » élevé par le milieu , l'œil médiocrement » ouvert et riant , la prunelle vive et bril- » lante; les coins de la bouche s'élèvent un » peu , le teint est vif, les joues et les mains » vermeilles.»La tête que cet artiste a donnée dans son recueil, comme un modèle de l'ex- pression de ce sentiment , m'a paru trop im- passible : la joie repousse l'exaltation des muscles , mais elle provoque nécessaire- ment l'épanouissement de toutes les extré- mités nerveuses de la face ; et comme cet épanouissement ne peut avoir lieu sans ceui des tégumens , il y a nécessairement plus de mouvement que Le Brun n'en suppose dans l'expression de la joie.

Ce sentiment a été savamment exprimé

par Philippe-Champagne, dans un tableau qui est au Musée du Roi, où il a représenté une religieuse de Port-Royal recouvrant la santé à la suite d'une longue maladie : on la voit à demi couchée dans sa cellule ; ses mains sont jointes ; elle remercie Dieu, et ses yeux, pleins d'un doux contentement, sont dirigés vers le Ciel ; à ses pieds est une autre religieuse à genoux, et remerciant aussi Dieu de la guérison de sa compagne. Ces deux têtes sont admirables, et on peut les considérer comme de parfaits modèles de l'expression de la joie douce et tranquille.

§ X.

Du Rire.

Le rire, quand il n'est ni sardonique, ni convulsif, peut être considéré comme l'expression d'une joie exaltée. Il n'est pourtant pas toujours le résultat d'un entier contentement de l'âme, souvent il est pro-

voqué par la seule vue d'un objet grotesque, ou ridicule, ou par un discours bouf-
fon et comique. Le rire sardonique est une
expression du mépris mêlé de la satisfaction
que nous cause le sentiment de notre propre
supériorité; le rire convulsif est toujours
le signe de la démence , ou d'une gaieté
folle et passagère, provoquée par l'ivresse:
c'est le *fou rire* des bacchantes et des com-
pagnons de Silène. Rubens en donne les attitudes et les gestes dans sa *Féte flamande*.

« De la joie mêlée de surprise naît, dit
« Le Brun, *le rire* qui fait élever les sour-
« cils vers le milieu de l'œil, et baisser du
» côté du nez. Les yeux, presque fermés, pa-
» roissent quelquefois mouillés ou jeter des
» larmes qui ne changent rien au visage;
» la bouche entr'ouverte laisse voir les
» dents; les extrémités de la bouche, reti-
» rées en arrière, font faire des plis aux joues
» qui paroissent enflées, et surmonter les
» yeux; les narines sont ouvertes, et tout
» le visage de couleur rouge. »

Cette expression me paroît exagérée; c'est

presque celle du rire convulsif, et non celle du
rire occasioné par la joie dont j'ai parlé dans
les paragraphes précédens. La joie même,
lorsqu'elle est mêlée de surprise, occasionne
un épanouissement plus égal, plus uniforme
de toute la face, et en vérité la surprise ne
peut ajouter à la joie aucun autre effet que
celui d'y mêler son expression. Or, dans le
dessin de Le Brun, il n'y a certainement
rien qui exprime la surprise, c'est tout sim-
plement ce rire que provoque un objet
grotesque et plaisant ; c'est le rire sympathi-
que que l'on remarque souvent dans le parterre et dans les loges du théâtre des Varié-
tés, lorsque Brunet et d'autres y laissent
échapper quelques grossiers quolibets : en
tout cas, ce n'est pas le rire d'un homme d'esprit, surpris par un sujet de joie. Je n'ai
point du tout le dessein d'indiquer dans ce
traité des modèles de caricatures, on en
trouve assez sur les boulevards de Paris.

Antoine Coypel a donné une assez bonne
expression du rire, qui a été gravée. En
général, il y a peu de peintres qui n'aient eu

occasion de peindre le rire dans l'un ou l'autre de leurs tableaux.

Il y a des statues et des bas-reliefs antiques qu'il est bon de consulter quand on veut exprimer le rire de la folle gaieté; on ne fera pas mal de voir aussi au Musée du Roi le beau tableau de Jacques Jordaëns, appelé *le Roi boit*.

La joie des faunes et des bacchantes s'exprime par un sourire de gaieté. Les angles de la bouche se dirigent en haut, les yeux se rapetissent et remontent vers les coins. « Dans toutes les figures, où la gaieté est mar- » quée par de pareils traits , on voit toujours, » dit Wenkelman, la figure caractérisée par » un profil commun et applati, ou par un » nez enfoncé dans le visage. » Il est certain que ce rire n'a rien de noble, et qu'il n'appartient qu'à des gens du commun; mais je ne sais pourquoi l'antiquaire allemand appelle la physionomie qu'il a décrite, la *grâce comique*, et encore moins pour quelle raison, par une suite de son aversion pour les ouvrages modernes, faisant l'application de cette singulière locution aux airs de tête de Corrége, il prétend que c'est de là qu'est venue l'expression de *grâce Corrégesque*.

§ XI.

Du Desir.

Le desir n'est point une passion, mais il résulte de toutes les passions aimantes, et il en devient un des attributs essentiels. Nous ne pouvons desirer que ce que nous connoissons, ni desirer autre chose que ce qui nous plaît. Le desir naît des passions, comme celles-ci naissent de la sensation produite par l'objet qui les excite, et par l'attention que l'esprit accorde à cet objet ; il est toujours accompagné de l'amour et souvent de l'expérance ; en un mot, aimer, desirer et espérer ne sont souvent qu'une seule et même chose. On ne peut pas aimer un objet absent sans le desirer, et il est rare qu'on le desire sans l'espérer ; enfin le desir exclut la possession, puisqu'on ne desire

plus ce qu'on possède. Le desir est ou physique ou moral, c'est-à-dire qu'il a pour objet la satisfaction des sens ou celle de l'esprit,
et quelquefois des uns et de l'autre en même
temps. Le desir physique est actif et pressant, le desir moral est concentré, calme,
doux, sans être pour cela moins pressant ;
Le Brun en a fait une passion.

« Cette passion, dit-il, rend les sourcils
» pressés et avancés sur les yeux, qui sont
» plus ouverts qu'à l'ordinaire; la prunelle
» enflammée, se place au milieu de l'œil ;
» les narines s'élèvent et se resserrent du côté
» des yeux, la bouche s'entr'ouvre, et les es-
» prits qui sont en mouvement donnent au
» visage une couleur vive et ardente. »

Ceci ne peut être vrai que pour le desir
que l'on conçoit, en présence de l'objet qui
l'excite, mais point du tout pour celui qui
nous fait soupirer en l'absence de cet objet;
d'ailleurs le desir de posséder une femme ne
peut pas s'exprimer comme celui de posséder
un trésor. Le desir de presser son fils contre
son cœur, comme celui d'y presser sa femme

ou sa maîtresse, celui de manger ou de boire, comme celui de danser.

C'est pourquoi, sans avoir égard à la tête que Le Brun donne aux étudians comme un modèle de l'expression du desir, je leur indiquerai plusieurs têtes des Israélites du tableau *de Poussin*, représentant le *frappement du Rocher*; le tableau de *la Soif satisfaite*, par *Sébastien Bourdon*, et enfin celui ou *Raphaël* a représenté l'attitude de Putiphar, sortant de son lit et arrêtant Joseph.

Tout, dans la composition de Poussin, donne à la scène un air de vérité et d'intérêt auquel l'art ne peut atteindre que par le secours d'un génie supérieur. Quel beau mouvement dans les groupes! quelle variété dans l'expression des caractères! Au sentiment de l'abattement et du désespoir, succèdent l'étonnement, l'admiration, le desir et la joie. Les uns, uniquement occupés de satisfaire la soif qui les tourmente, boivent à longs traits dans des vases grossiers, remplis au ruisseau qui déjà coule de la source miraculeuse ; d'autres vases passent de main en main, et le desir les attend avec impatience. On voit une mère qui en tient un, et, au lieu de satisfaire sa soif elle le porte à ses enfans dont les cris lui déchirent le cœur ; voilà une belle expression de l'amour maternel : près d'elle est un vieillard à genoux, les mains jointes, et qui paroît rendre grâces au Ciel d'un secours inattendu. D'autres Israélites, accourant avec leurs enfans, se pressent pour admirer le prodige qui vient de s'opérer. Le peintre a encore représenté fort ingénieusement un autre trait d'amour maternel, il l'a exprimé par un enfant debout, dans un coin du tableau ; cet enfant trousse son vêtement, et l'action indique que sa mère lui a donné à boire avant de se désaltérer elle-même, car elle tient un vase plein, et elle se dispose à le porter à sa bouche. Voilà sans doute un trait de génie ! Cependant Moïse, debout, tient sa verge dont il frappe le rocher, tandis que son frère Aaron, placé derrière lui, indique aux anciens

et au peuple, que le *Seigneur a été touché
de leurs prières :* ils sont en adoration.

De grands arbres séparent les premiers
plans d'un lointain fort étendu, où l'on aper
çoit une partie du camp des Israélites, si-
tué au pied de la montagne. Là, les attitudes abattues et douloureuses de tous les
individus, indiquent assez que l'eau qu'ils
desirent n'est pas encore parvenue jusqu'à
eux. Enfin dans cette magnifique composition, on trouve réunies les expressions d'un
grand nombre de sentimens, de desirs et
de passions. Sous ce rapport il peut servir
de modèles aux étudians ainsi qu'aux maîtres eux-mêmes : il est d'ailleurs admira
ble, si on le considère sous celui de l'ordonnance générale, et de la disposition des
groupes.

L'expression des têtes de la Soif ardente
de Bourdon me rappellent une scène dont
j'ai été témoin et que je vais rapporter, parce
qu'elle m'a prouvé que ce peintre avoit étudié la nature avec autant d'attention que

de sagacité. En 1789, j'ai vu, dans la rue Saint-Honoré, des hommes et des femmes de la populace se précipiter, avec une fureur vraiment bachique, dans le ruisseau pour y savourer du vin de Bourgogne, que versoit abondamment un tonneau qu'un ouvrier maladroit avoit défoncé, en le déchargeant de la voiture sur laquelle il avoit été conduit à la porte de celui à qui il appartenoit. L'avidité de ces gens ressembloit parfaitement à celle que Poussin et Bourdon ont exprimée dans les tableaux dont je viens de parler (1).

(1) A Rome, il n'y a pas encore long-temps, on faisoit subir aux criminels un supplice horrible, et qui fait frémir l'humanité; heureusement il a été supprimé depuis quelques années : ce supplice se nommoit le *masseler*; il consistoit à ouvrir le ventre au patient après l'avoir assommé, à lui arracher les entrailles et à lui en frotter la face. Tous ceux qui ont habité quelque temps cette ville, savent que pendant l'exécution de cet abominable supplice, de misérables superstitieux se précipitoient sous l'échafaud, avec une ardeur délirante, semblable à celle qui naît de la soif, pour y boire le sang de la victime. Ainsi, dans des temps plus reculés, d'autres misérables superstitieux se couchoient sous l'autel, pour recevoir sur leur tête le sang de la vic-

Les desirs des sens, quels qu'ils soient, mettent toujours en action les organes que la nature a destinés à satisfaire les passions ou les sentimens qui les excitent.

Quant au desir moral, je ne connois point de tableau où il soit mieux exprimé que dans celui où le Dominiquin a représenté *la Communion de saint Jérôme*. Ce père de l'Église y est représenté accablé sous le poids des années, et au moment où, passant de la vie à la mort, il éprouve et exprime le vif desir, ou plutôt la soif ardente de s'unir à son Dieu, et de le posséder en lui-même, avant de jouir avec lui de la céleste béatitude. La tête de saint Jérôme est un chef-d'œuvre d'expression. M. Alex. Tardieu a fait une belle gravure de ce tableau.

time que le chef des Druides immoloit, dans la persua-sion où ils étoient que ce baptême sanglant purifio.' l'âme de toute souillure.

§ XII.

De la Compassion.

Je place la compassion au nombre des passions aimantes, parce qu'elle tire son origine de l'amour que la nature a gravé dans nos cœurs pour nos semblables. Quiconque n'est pas susceptible de compassion, est un froid égoïste dont l'amour-propre remplit le cœur, ou du moins n'y laisse d'accès qu'aux passions haineuses.

La compassion est la part que nous prenons aux maux d'autrui, soit que nous puissions, soit que nous ne puissions pas y porter remède. Mais que dis-je? est-il une douleur physique ou morale, qu'il ne soit possible de soulager par l'intérêt que nous témoignons à celui qui la souffre? Ah! les larmes que nous versons sur le sort de celui dont le cœur est déchiré, par la perte de ce qu'il avoit de plus cher au monde, sont le baume le plus puissant que nous puissions porter sur ses plaies. Nous souffrons avec lui, j'en conviens, mais l'idée du bien que nous lui avons fait, en partageant ses douleurs, nous dédommage au centuple de la part que nous y avons prise. Pour un cœur sensible et humain, il n'est pas de jouissance plus douce et plus pure que la satisfaction d'avoir soulagé les maux de son semblable. Heureux qui le peut; malheureux qui ne le peut pas! Pour moi, je plains celui dont le cœur s'est toujours endurci, et dont les yeux sont toujours restés secs à l'aspect du malheur d'autrui. Il s'est privé du plus doux des plaisirs que puisse procurer la fortune; il n'a point compati aux peines des autres; on ne compatira point aux siennes aux jours de la douleur.

« L'attention vive au malheur d'autrui » qu'on nomme compassion, dit Charles Le » Brun, fait baisser les sourcils vers le mi- » lieu du front : la prunelle est fixe du côté » de l'objet. Les narines un peu élevées du » nez, font plisser les joues ; la bouche est » ouverte, la lèvre supérieure élevée et avan-

» cée ; tous les muscles et toutes les parties
» du visage abaissés et tournés du côté de
» l'objet de cette passion. »

Charles Le Brun traite la compassion,
comme si elle étoit le résultat d'une sensation douloureuse que nous éprouverions
nous-mêmes. Cependant ce n'est le plus souvent qu'un sentiment pur, simple, qui ne
peut se manifester à l'intérieu, que par l'a-
battement et la concentration des muscles;
et qui, en un mot, fait taire en nous toute
affection qui lui est étrangère, à moins qu'il
n'ait pour objet un père, un fils, un ami,
une maîtresse, ou une épouse. Dans ce cas,
il prend le caractère des passions produites
par les sensations douloureuses qui nous
sont personnelles. Ce peintre a donné de
l'expression de cette passion, un dessin conforme à ce qu'il en dit dans le texte de son
traité.

Mais je conseille aux élèves d'étudier, de
préférence, les têtes de Raphaël, dans son tableau de *Jésus porté au tombeau*, du palais
Borghèse ; et beaucoup d'autres têtes qui se

trouvent dans les compositions des grands maîtres.

§ XIII.

De l'Admiration.

L'admiration est le sentiment que nous éprouvons à la vue, ou au récit, d'une chose qui nous paroît surpasser, en mérite et en beauté, tout ce que nous avons connu précédemment. Un tableau, même une statue, ou un édifice; un morceau soit de poésie, soit de musique, enfin une action, ou le récit d'une action qui frappe notre vue ou notre oreille, par quelque chose de grand et de sublime ; excite toujours notre admiration, s'il est pour nous extraordinaire : on voit par là qu'il est plus facile d'exciter l'admiration des ignorans que celle des savans. Ce sentiment peut être plus ou moins vif, en raison de l'intérêt qu'excite en nous l'objet qui nous l'inspire.

Charles Le Brun divise l'admiration en

deux genres, qui sont : 1° *l'admiration sim-ple*, 2° *l'admiration composée, ou avec étonnement.*

« L'admiration simple, dit-il, ne causant
» que peu d'agitation n'altère aussi que très-
» peu les parties du visage ; cependant le
» sourcil s'élève, et l'œil s'ouvre un peu plus
» qu'à l'ordinaire ; la prunelle, placée égale-
» ment entre les paupières, paroît fixée vers
» l'objet ; la bouche s'entr'ouvre et ne forme
» pas de changement marqué dans les joues.

» Les mouvemens qui accompagnent l'ad-
» miration avec étonnement, ne sont diffé-
» rens de ceux de l'admiration simple, qu'en
» ce qu'ils sont plus vifs et plus marqués, les
» sourcils plus élevés, les yeux plus ouverts,
» la prunelle plus éloignée de la paupière
» inférieure et plus fixe, la bouche plus ou-
» verte, et toutes les parties dans une tension
» beaucoup plus sensible.»

Je ne peux point admettre cette division
de l'admiration en deux genres, parce que,
quoique l'étonnement et l'admiration ne
soient pas une seule et même chose, puisque

l'étonnement peut naître pour nous d'une impression fâcheuse et pénible, il n'en est pas moins certain que nous n'admirons jamais que ce qui nous étonne d'une manière agréable. Quand on présenta pour la première fois des miroirs aux sauvages, ils furent tout à la fois dans l'étonnement et dans l'admiration, mais quand ils entendirent le premier coup de fusil, ils éprouvèrent sans doute un étonnement qui certes fut bien oin de faire naître en eux l'admiration. En bien comme en mal, tout ce qui est extraordinaire nous étonne; toutefois nous n'admirons et ne pouvons admirer que ce qui nous plaît.

D ailleurs, en général, les passions de l'*âme* sont simples dans leur principe, ce n'est qu'accidentellement qu'elles se combinent avec d'autres, et dans ce cas c'est toujours la passion dominante qui détermine l'expression, dont la forme extérieure ne peut jamais indiquer en peinture qu'un mobile et un principe unique.

La tête que Le Brun donne comme un

modèle de l'admiration, est bien loin d'être
à l'abri de tout reproche : en général, dans
ses dessins, il s'est conformé exactement à
ses définitions qui s'éloignent toutes de la
vérité. Cependant il paroît avoir oublié ses
théories, et s'être rapproché de la nature,
lorsque, dans son tableau de la *Famille de
Darius*, il a peint la belle tête de la fille
de ce roi. Étonnée de la conduite généreuse
d'Alexandre, cette princesse, vaincue par
l'admiration qu'elle en éprouve, reste im-
mobile et stupéfaite.

Je ferai observer ici qu'un peintre ou un
statuaire, qui voudroit exprimer à la fois sur
le même visage deux passions, s'égareroit
nécessairement : les anciens ne nous présentent aucun exemple de cette complication
que la nature n'admet dans aucune circonstance. Les passions peuvent bien se succéder
dans notre cœur, avec une une étonnante
rapidité, mais jamais elles ne seront ensemble que pour se combattre, et ce sera toujours
la passion victorieuse qui portera sur nos

traits l'empreinte extérieure de son existence.

Cependant, me dira-t-on peut-être, dans le tableau de l'*Accouchement de Marie de Médicis,* le peintre a bien exprimé sur le visage de la reine le sentiment de la douleur et celui de la joie ; mais l'abattement, la pâleur qui caractérisent la douleur physique, ne sont point incompatibles avec l'épanouissement des papilles nerveuses, qui est le signe de la satisfaction morale, et personne ne dira jamais que la douleur physique soit une passion : d'un autre côté, cette tête est bien loin d'être considérée comme un chef-d'œuvre. Il faut cependant observer que, s'il reste sur le visage de Médicis des traces de la fatigue qu'elle a dû éprouver pendant le travail de l'enfantement, l'expression de la douleur doit être effacée par celle de la joie qu'elle ressent, à l'aspect du prince auquel elle vient de donner le jour ; aussi a-t-elle entièrement disparu, et c'est de la part du peintre un trait de génie qui ne se trouve que dans cet ouvrage.

Les longues souffrances occasionées par une maladie, et même par la tristesse, laissent des traces profondes sur le visage, et même sur la figure entière de celui qui les a endurées; mais elles n'empêchent pas l'expression de l'amour, de la joie, de l'admiration, ou de tout autre sentiment de l'âme, de se montrer uniquement dans les mouvemens de la physionomie. Je soutiendrai toujours qu'un peintre ne réussira jamais à faire paroître ensemble, sur le même visage, l'expression de deux sentimens opposés ou même seulement différens.

§ XIV.

De la Vénération.

La *vénération* est toujours précédée de l'admiration, elle est la preuve de l'estime profonde et constante que nous portons à l'être dont les œuvres nous l'inspirent. C'est un sentiment doux, agréable, qui laisse l'âme dans une délicieuse tranquillité ; c'est un hommage qui n'est dû qu'à Dieu seul, et que nous inspire l'admiration constante que font naître ses œuvres, et la confiance que nous avons dans l'immensité de sa puissance et de sa bonté ; ce sentiment n'appartient qu'à l'homme juste et pieux.

Selon Charles Le Brun : « la vénération » fait incliner le visage, abaisser les sour- » cils ; les yeux sont presque fermés et fixés, » la bouche fermée ; les mouvemens sont » doux, et ne produisent que peu de chan- » gement dans les autres parties. »

Je n'ai jamais vu ce sentiment mieux exprimé que dans la tête de *saint Jean*, du célèbre tableau de *la Cène*, par Léonard-de-Vinci. L'attitude abandonnée de cet apôtre est aussi remarquable que l'expression de son visage. Il se livre tout entier à la volonté de Jésus-Christ, qui pour lui n'est plus un homme, mais un Dieu.

Ce tableau a fait époque dans l'histoire des arts du XVᵉ siècle. Léonard-de-Vinci l'a peint à fresque par l'ordre du duc Ludovic, dans le couvent des Dominicains de Milan. Il a trente-un pieds quatre pouces de largeur, et quinze pieds huit pouces de hauteur; rien de plus simple que la composition de ce grand ouvrage, et quoique tout le monde y soit en mouvement, rien de plus noble et de plus calme; c'est la chaleur et la vivacité des expressions de Jesus-Christ, qui seules animent la scène. Il y est placé au milieu de ses disciples comme un père au milieu de ses enfans; on croit lui entendre prononcer ces paroles remarquables: *En vérité, je vous le dis, l'un de vous doit me livrer.* A ces mots, on s'agite, on se regarde, et chacun cherche à deviner le coupable. La beauté des caractères, la pureté du dessin, et surtout la vérité du dialogue qui s'établit dans chaque groupe, que l'on peut considérer comme autant de tribunaux où le traître est condamné d'avance, ont fait la juste et grande réputation de cet ouvrage.

Léonard laissa long-temps la tête de Judas incertaine, et la place qu'elle devoit occuper sans être couverte: il n'avoit pas, di-

soit-il , encore rencontré dans toute la ca-
naille de Milan, un visage assez scélérat pour
lui servir de modèle. Les bons pères du couvent, dans le réfectoire desquels il peignoit
son tableau , se trouvant incommodés de la
présence de l'artiste pendant qu'ils prenoient
leurs repas , commencèrent par le tracasser,
ensuite ils se plaignirent au duc de ses lon-
gueurs et de la négligence avec laquelle il
travailloit à son ouvrage. Le duc fit part des
plaintes qu'il avoit reçues des moines, à Léonard qui lui répondit : « J'ai cherché depuis
long-temps en vain un modèle pour la figure de Judas , mais enfin je l'ai trouvé, et le tableau ne tardera pas à être terminé. » En
effet, notre peintre retourna à son travail ,
et fit le portrait du supérieur des Dominicains qui étoit laid , et dont la physionomie
convenoit fort au sujet.

Frappé d'admiration à la vue de ce tableau, François I.er voulut le faire transporter à Paris, mais comme on ne connoissoit
pas encore les procédés ingénieux et savans,
au moyen desquels on enlève une peinture

et on la repose sur un autre corps, comment faire pour maintenir et transporter au loin un pan de muraille assez considérable? L'ouvrage de Léonard resta donc en place, la négligence des moines le laissa se dégrader, et leur ineptie le fit périr.

Le tableau étoit encore en bon état lorsque François Ier le vit, mais *Jean-Paul Domazzo*, peintre et littérateur italien, dit, dans le *Traité de la Peinture*, qu'en 1560 les couleurs avoient tellement disparu, qu'on ne pouvoit plus admirer que le dessin. En 1552, les bons pères Dominicains, pour aggrandir la porte de leur réfectoire, firent mettre le marteau dans ce chef-d'œuvre, et couper les jambes de Jésus-Christ, ainsi que celles des apôtres qui étoient près de lui. En 1527 les troupes du connétable de Bourbon qui campoient au Vatican, abîmèrent les plus belles peintures de Raphaël : voilà donc le sort dont la barbarie et l'ignorance menacent les monumens des arts ! on ne sauroit trop signaler de semblables désastres, qui ne se sont que trop multipliés.

Il y a eu en France deux belles copies de la Cène, de Léonard-de-Vinci ; l'une que l'on suppose avoir été envoyée à Paris, en 1517, étoit à Saint-Germain-l'Auxerrois ; l'autre, que le connétable Anne de Montmorency avoit fait faire en 1510, pour orner son château d'Écouen : on ignore ce que sont devenus ces deux ouvrages. L'Italie possède plus de quarante copies de ce tableau, faites par les plus grands maîtres ; on en voit aussi à Munich une que l'on attribue à Poussin.

§ XV.

Du Ravissement.

Cette passion, qui a beaucoup d'affinité avec l'extase, naît de l'extrême plaisir que nous cause une admiration prolongée pour un objet digne de tout notre amour, et capable d'exciter en nous les plus douces affections du cœur. Le ravissement ou l'extase naît de sensations si délicieuses, si voluptueuses, qu'il anéantit toutes les facultés et ressemble à l'évanouissement. Certaines femmes, et surtout les religieuses, provoquent en elles l'extase par des parfums et par l'odeur des fleurs qu'elles répandent dans leurs cellules; les Musulmans se le procurent par l'usage de l'opium.

« Dans le *ravissement*, dit Charles Le Brun,
» la tête se penche du côté gauche, les sour-
» cils et la prunelle s'élèvent directement, la
» bouche s'entr'ouvre, et les deux côtés sont
» peu élevés. Les autres parties de la face
» restent dans leur état naturel. »

Pourquoi la tête sera-t-elle penchée du côté gauche plutôt que du côté droit? Ne doit-elle pas être tournée, et les yeux ne doivent-ils pas se diriger vers l'objet qui excite et prolonge l'admiration? Du reste, la figure que Le Brun nous donne, comme la véritable expression du ravissement, est froide et insignifiante.

Il n'est pas difficile de proposer aux étudians des modèles plus parfaits, plus exacts et plus expressifs.

J'indiquerai d'abord, dans un tableau du

Dominiquin, la belle tête de *sainte Agnès, recevant la palme du martyre,* celle de *saint Étienne,* peint par Jules-Romain, mourant dans l'extase de la béatitude que Dieu lui destine après son supplice. Peut-être dans cellle-ci les coins de la bouche sont-ils trop rapprochés ; cela donne à la figure de l'affectation , et lui ôte de sa franchise. J'indiquerai aussi dans le tableau *d'Ossian,* de M. Girodet, toutes ces ombres heureuses qui, armées de harpes, dont elles font vibrer les cordes, s'élancent vers les cieux où des plaisirs sans fin les attendent. Les têtes de ces femmes sont belles , d'un dessin pur, et expriment parfaitement le ravissement.

Mais comme modèle plus parfait encore, ne convient-il pas de proposer la *sainte Cécile* de Raphaël ; nous avons vu ce tableau à Paris, et M. *Urbain Mansard* en a fait une très-belle gravure.

Il a cellé dans l'attitude du corps les mouvemens du visage de cette femme céleste, tout concourt à rendre parfaite l'expression de l'extase et du ravissement qu'elle éprouve. On remarquera surtout que cette sainte musicienne est vivement émue des accords mélodieux par lesquels une multitude d'anges, assis sur des nuages, répondent à ceux qu'elle tire de son instrument. La jeune vierge tourne ses yeux vers le Ciel, d'où partent les voix qui frappent son oreille : passant, pour ainsi dire, de la vie *humaine* à la vie *divine*, elle semble n'être plus de ce monde, et l'instrument qui charmoit ses loisirs tombe de ses mains.

Ce tableau est un chef-d'œuvre d'expression, Raphaël y a peint d'une manière sensible l'abnégation que tout chrétien doit faire des plaisirs de ce monde, s'il veut obtenir la félicité éternelle. Pour mieux exprimer ce principe de morale religieuse, et pour mieux faire sentir l'abandon que *sainte Cécile* fait des plaisirs terrestres, pour se livrer à des sensations plus pures et plus durables, Raphaël a mis dans ses mains un orgue portatif où il a figuré plusieurs tuyaux qui se détachent des cases dans lesquelles ils étoient retenus. Enfin c'est un vrai modèle de l'expression extatique, et une conception aussi touchante que sublime.

Je pourrois parler encore de la *sainte Cécile* du Dominiquin, où l'on retrouve le même mouvement, car les doigts délicats de la sainte cessent de faire résonner les cordes d'une basse de viole qu'elle tient dans ses mains; mais malgré ses perfections, ce tableau ne peut être cité après celui de Raphaël.

§ XVI.

De l'Ambition.

L'ambition est la passion la plus funeste et la plus terrible, dont un homme puisse être animé : elle ne lui laisse ni repos, ni tranquillité, elle étouffe en lui tout sentiment d'humanité. Père, parens, fils, amis, épouse, il lui sacrifiera tout. Dominer, voilà le vœu de son amour-propre et de son orgueil, il veut être supérieur de fait à ses égaux, parce qu'il croit l'être de droit, et qu'il s'imagine que Dieu l'a mis sur la terre pour s'élever au-dessus de tout ce qui l'environne. Si ses égaux sont des citoyens, il sacrifiera tout pour en devenir le magistrat, si ce sont des magistrats, il faudra qu'il parvienne à les présider ; s'il est ministre, il voudra qu'il domine dans le conseil , il voudra que tout lui obéisse jusqu'au prince lui-même, et peut-être ne se trouvera-t-il heureux qu'après l'avoir renversé! que dis-je heureux! est-il un instant de bonheur pour l'ambitieux? S'il est l'egal des rois, il armera ses sujets et inondera la terre de sang pour leur imposer la loi. Le monde est trop étroit pour l'ambitieux; s'il en étoit le maître, nouveau Titan, il voudroit escalader le ciel.

Il y a deux sortes d'ambitions, celle des richesses et celle de la puissance, l'une et l'autre mènent également au crime, l'une et l'autre ont pour but la domination, et pour moyens l'artifice, le mensonge et la violence. Au reste, je le déclare franchement, je ne trouve rien sur la terre de plus à plaindre, qu'un homme dévoré par cette insatiable passion, c'est une maladie qui lui ronge le cœur, et ne le laisse pas même jouir des douceurs du sommeil.

Mais gardons-nous de confondre l'ambition avec l'amour de la vraie gloire, et l'émulation; l'un et l'autre de ces sentimens, ont pour but l'aisance nécessaire aux douceurs de la vie, et les considérations publiques qui en sont le charme.

C'est l'émulation et l'amour de la véritable gloire, qui font les grands capitaines, les magistrats équitables, les ministres amis de leur prince et du peuple, les grands orateurs, les grands poëtes, les grands artistes, les savans, enfin les hommes distingués dans toutes les classes et dans tous les états.

C'est l'ambition qui fait les fainéans, les voleurs, les meurtriers, enfin les hommes pervers dans toutes les classes de la société, depuis la première jusqu'à la dernière. Tandis que l'émulation et l'amour de la gloire ne veulent rien obtenir que par le travail, le talent et la vertu, l'ambition n'emploie pour parvenir que la ruse ou la force.

La peinture de l'ambition appartient plutôt à la poésie qu'aux arts du dessin. Bornée à représenter une seule action, un seul moment de cette action, comment le pinceau pourroit-il rendre une passion qui prend tous les masques, et a pour caractère tous ceux qui conviennent à ses dessins?

Presque tous nos poëtes tragiques ont exprimé cette passion dans leurs ouvrages et ils l'ont toujours présentée armée du poignard ou du poison. Racine en a fait un tableau d'une admirable fidélité, au troisième acte de sa tragédie d'*Athalie*, dans la scène entre *Mathan*, prêtre apostat, et *Nabal*, son confident.

Qu'est-il besoin, Nabal, qu'à tes yeux je rappelle
De Joad et de moi la fameuse querelle ;
Mes brigues, mes combats, mes pleurs, mon désespoir
Quand j'osai contre lui disputer l'encensoir ?
Vaincu par lui, j'entrai dans une autre carrière,
Et mon âme à la cour s'attacha tout entière.
J'approchai par degré de l'oreille des rois,
Et bientôt en oracle on érigea ma voix ;
J'étudiai les cœurs, je flattai leurs caprices,
Je leur semai de fleurs le bord des précipices :
Près de leurs passions rien ne me fut sacré ;

De mesure et de poids je changeois à leur gré.
Autant que de Joad l'inflexible rudesse
De leur superbe oreille offensoit la mollesse,
Autant je les charmois par ma dextérité ;
Dérobant à leurs yeux la triste vérité,
Prêtant à leurs fureurs des couleurs favorables,
Et prodigue surtout du sang des misérables.
Enfin, au dieu nouveau qu'elle avoit introduit,
Par les mains d'Athalie un temple fut construit.
Jérusalem pleura de se voir profanée ;
Des enfans de Lévi, la troupe consternée
En poussa vers le Ciel des hurlemens affreux ;
Moi seul, donnant l'exemple aux timides hébreux,
Déserteur de leur loi, j'approuvai l'entreprise,
Et par là de Baal méritai la prêtrise ;
Par là je me rendis terrible à mon rival,
Je ceignis la thiare et marchai son égal.
Toutefois, je l'avoue, en ce comble de gloire,
Du dieu que j'ai quitté l'importune mémoire
Jette encore en mon âme un reste de terreur,
Et c'est ce qui redouble et nourrit ma fureur.
Heureux, si sur son temple achevant ma vengeance,
Je puis convaincre enfin sa haine d'impuissance,
Et parmi les débris, le ravage et les morts
A force d'attentats perdre tous mes remords !

Certainement ce tableau de l'ambition est
loin d'être exagéré, mais quelle expression
le peintre ou le statuaire pourroit-il donner
à un seul des mouvemens tumultueux, mais
concentrés du cœur de l'ambitieux, si bien

rendus par le poëte ? il ne parviendroit pas à rendre seulement le trait qui termine ce tableau, si frappant de vérité qu'il m'est impossible, après l'avoir lu, de ne pas être pénétré de l'horreur que mérite celui qui se laisse dominer par cette affreuse passion, pour qui rien n'est sacré qu'elle-même.

Je ne veux pas dire toutefois que l'ambition ne soit pas du ressort de la peinture, sans doute elle peut bien rendre frappans les funestes effets de cette passion : qu'est-il d'impossible à l'homme de génie, dont la brûlante imagination sait mettre à profit les inépuisables ressources de l'allégorie ?

Je n'ai parlé jusqu'à présent que des passions qui prennent leur source dans l'amour du bien-être, car on ne desire, on n'admire, on n'ambitionne que ce que l'on aime ; l'on n'est ravi que par ce qui flatte l'esprit, le cœur ou les sens ; enfin la compassion elle-même n'est qu'une suite nécessaire de l'intérêt que l'on porte à l'être qui souffre. J'aurois pu joindre à ces passions le sentiment de l'espérance, mais l'impression de ce doux sentiment , qui soutient le malheureux jusqu'au tombeau, n'est pas plus que celle de l'ambition du ressort de la peinture.

Je vais m'occuper maintenant des passions qui tirent leur origine de la crainte naturelle que tout homme a du mal physique ou du mal moral.

§ XVII.

De la Crainte.

La crainte est un trouble ou un déplaisir que l'âme éprouve à l'approche d'un mal physique ou moral. Le desir nous porte à nous approcher de son objet ; la crainte nous engage à nous éloigner du sien : il faut de la vertu pour résister à ses desirs ; il faut du courage pour surmonter ses craintes. Les passions et les sentimens qui tirent leur origine de l'amour, épanouissent les facultés de l'homme, en appelant le sang du centre à la circonférence. Les affections, au contraire, qui naissent de la crainte, affaissent ces facultés en refoulant ce fluide vers le cœur, dont il ralentit les mouvemens, et quelquefois les arrête même, au point de causer la mort.

La crainte se manifeste par l'hésitation, l'incertitude des gestes, l'égarement des yeux, la pâleur de la face et l'affaissement de tous les muscles. Celui qui l'éprouve n'ôse pas s'approcher de l'objet qui la lui cause; quelquefois il le regarde avec effroi en reculant; d'autres fois il en détourne les yeux, et le fuit avec précipitation. Au reste, l'expression de cette passion peut prendre des nuances diverses, selon le caractère, l'âge et le tempérament de celui qui l'éprouve. Le Brun n'en a point offert de modèle, parce que probablement il l'a confondue avec la frayeur, à laquelle cependant elle ne ressemble pas entièrement.

§ XVIII.

De la Douleur.

On distingue deux espèces de douleurs : *la douleur morale* et *la douleur physique.*

La douleur morale produit la tristesse ; et, lorsque celle-ci dure long-temps, elle produit la mélancolie. La perte d'un être cher, celle de la fortune, une injustice, donnent naissance à la douleur morale ; si rien ne nous en distrait, elle nous jette dans un tel état de malaise, que la mort nous paroît alors préférable à la vie. La douleur morale peut naître aussi de la crainte d'une grande douleur physique ; on lui donne alors le nom de douleur *morale aiguë.*

« Cette douleur, selon Charles Le Brun,
» fait approcher les sourcils l'un de l'autre,
» et les élève vers le milieu ; la prunelle se
» cache sous le sourcil ; les narines s'élèvent
» en marquant un pli aux joues : la bouche

» s'entr'ouvre et se retire ; toutes les parties
» du visage sont agitées, en raison de la
» violence de la douleur que l'on craint. »

A la suite de cette explication, Le Brun
donne deux dessins ; l'un représente la douleur morale aiguë, l'autre représente la douleur physique, qu'il appelle *douleur corporelle simple*.

Je citerai, comme un excellent modèle de
l'expression qui appartient à la douleur *morale aiguë*, le tableau du *Juge prévaricateur*,
peint par Claëssens, au moment où l'on
vient de lui prononcer sa condamnation, et
où on le conduit au supplice. La tête de ce
malheureux est un chef-d'œuvre sous le rapport de l'expression. Déjà il ressent les terribles angoisses du supplice dont il est me-
nacé ; l'attitude, les mains, la pose incertaine des jambes, tout, dans cette figure,
concourt à peindre le malaise et le trouble
de l'âme. Le peintre a surtout montré le génie d'un grand maître, en exprimant à la
fois la douleur morale et le pressentiment de
la douleur physique qui attend le condamné :

on voit qu'il sait que son sort est d'être écor-
ché vivant, il paroît souffrir dans toutes les
parties de son corps , et leur affaissement
annonce que le sang s'en est retiré.

Nous avons vu, pendant plusieurs années,
ce tableau au Louvre.

« Dans la douleur *corporelle simple*, dit
» Charles Le Brun, les sourcils se rappro-
» chent et s'élèvent moins que dans la dou-
» leur aiguë ; la prunelle paroît fixée vers
» un objet ; les narines s'élèvent, mais le pli
« des joues est moins sensible ; les lèvres
» s'éloignent vers le milieu, et la bouche est
» à demi-ouverte. »

La première partie de cette définition est
beaucoup trop générale ; à la vérité, dans
certaine circonstance, la prunelle de la personne pourra être tournée vers l'objet qui la
fait souffrir ; plus souvent, au contraire, sa
vue se détournera de cet objet : mais si la
douleur est intérieure, comme par exemple
celle que cause une inflammation violente
des intestins, ou de quelque autre partie
du corps, le regard sera perdu, tourné vers

le Ciel ou fixé, s'il se peut, vers le siége du mal , ou enfin atterré.

Je dois faire observer encore que la douleur morale aiguë, au lieu de faire contracter les muscles, doit, au contraire, en produire l'abattement général, puisque son effet le plus constant est de ralentir le torrent de la circulation, et de faire rebrousser vers le cœur par les veines , le sang que les artères ont porté aux extrémités et à la circonférence. Le contraire arrive dans la douleur physique, dont l'effet est de faire porter les fluides vers la partie souffrante. Claëssens étoit meilleur physiologiste que Le Brun; il l'a prouvé par son tableau du *Juge prévaricateur.* Dans celui dont je viens de parler, la pâleur et l'affaissement sont le caractère général de la figure; au lieu que, dans celui où le juge subit son supplice, des contractions violentes sont les signes de la douleur physique, ou *corporelle simple,* comme dit Le Brun.

La douleur physique résulte d'un dérangement dans l'organisation du corps, produit par une fracture, une meurtrissure, une dilacération, ou une inflammation. Poussée au dernier point , cette douleur produit des convulsions, et cette espèce de rage qu'on appelle le tétanos, auxquelles succèdent le spasme et l'abattement. C'est dans l'état de convulsion et de tétanos que Claëssens a peint la douleur du juge prévaricateur, dans son second tableau. Déjà les chirurgiens, occupés à écorcher ce malheureux, lui ont dépouillé le bras, et ils commencent à dépouiller la cuisse; le malheureux pousse des cris affreux; le spectateur les entend, il frissonne d'horreur, et recule épouvanté à l'aspect d'un supplice dont il partage les angoisses. Les deux tableaux de Claëssens ont été peints en 1498 pour l'Hôtel-de-Ville de Bruges : ce sont deux chefs-d'œuvre d'expression; mais ils inspirent de l'horreur, surtout le dernier ; et le goût d'un artiste doit se refuser à l'exécution d'un pareil sujet.

Je proposerai comme un modèle parfait, et digne d'être imité, la douleur physique et morale exprimée sur la tête et sur toute la figure de Laocoon. Le sculpteur Rodien a rendu avec beaucoup d'art l'union de la douleur physique avec le sentiment profond qu'éprouve un père témoin de la destruction de ses enfans, périssant avec lui. On remarquera que la *douleur composée de Laocoon* n'est point exprimée sur les têtes de ses fils, et surtout sur celle du plus jeune, où l'on ne voit que les caractères de la *douleur physique simple*.

On a dit que, pour se rendre capables d'exprimer parfaitement la douleur morale et la douleur physique, il étoit nécessaire que les peintres, les sculpteurs et les dessinateurs étudiassent le: criminels sur l'échafaud, et les malades dans les hôpitaux. Je conçois bien l'utilité d'une étude aussi re butante, mais je n'en vois pas la nécessité. L'artiste observateur trouvera toujours dans la société assez de malheureux souffrans moralement ou physiquement, sans aller les chercher aux pieds des échafauds, dans les lits de mort, ou sur les lits de travail des hôpitaux ; parce qu'il suffit d'être anatomiste et physiologiste, pour se rendre compte des expressions générales de la douleur, et que, pour un artiste qui veut se faire distinguer, il ne s'agit pas d'être un servile imitateur de la nature, mais d'appliquer l'expression de la douleur sur des formes que son imagination, son goût et son génie auront revêtues d'une beauté idéale. Que gagneroit-on, d'ailleurs, à suivre les criminels au supplice, et les chirurgiens des hôpitaux dans leurs visites ou dans leurs opérations? On ne pourra jamais, par ces pénibles démarches, acquérir que la connoissance de deux expressions dont les nuances varieront selon les caractères et les tempéramens. Si l'homme que l'on conduit au supplice est condamné justement, il n'éprouvera que le pressentiment de la *douleur* que doit lui causer son supplice, et l'horreur qu'inspire toujours l'approche d'une mort violente et certaine. Si, ce qui arrive rarement, ses juges se sont trompés, en un mot, s'il est innocent; fort de sa conscience, il pourra paroître calme, et n'exprimera qu'une *indignation inquiète*. A l'instant de l'exécution, innocent ou coupable, le condamné éprouvera, si le supplice est long et cruel, toutes les convulsions de la douleur physique poussées à l'excès. Heureusement la raison et l'humanité ont banni ces horribles exécutions.

Je sais qu'on peut rencontrer l'expression de cette douleur, dans les opérations longues et pénibles qui se pratiquent fréquemment dans les hôpitaux; mais, avant l'opération, la douleur du malade s'exprimera à peu près de la même manière que celle du condamné marchant au supplice; et, durant l'opération, après s'être exprimée par des contractions violentes, elle finira par prendre le caractère de l'abattement. L'une et l'autre de ces expressions de la douleur physique qu'on éprouve, et de celle qu'on va éprouver, se rencontrent si fréquemment dans la société, qu'il est, je pense, inutile de les chercher ailleurs : l'homme est partout le même.

Michel-Ange a excellé dans l'art de rendre les passions; il a sculpté en marbre, pour le cardinal de Saint-Denis, un groupe représentant *Jésus-Christ détaché de la croix, et soutenu sur les genoux de Marie;* on en admire les poses et les expressions. Il a été placé dans une chapelle de l'église Saint-Pierre de Rome, à laquelle il a fait donner le nom de chapelle de *Notre-Dame-de-Pitié.* Le corps de Jésus-Christ est d'une grande perfection, l'art et la science anatomiques du statuaire s'y montrent dans toute leur profondeur. L'expression de la douleur de Marie est touchante et parfaite; et la tête est si belle, qu'on reprocha à Michel-Ange d'avoir fait la mère de Jésus trop jeune pour avoir un fils de trente-trois ans. « Cette mère, » répondit Michel-Ange, fut une vierge, et » vous savez que la chasteté de l'âme con-» serve la fraîcheur des traits. Il est même » probable que le Ciel, pour rendre témoi-» gnage de la céleste pureté de Marie, per-» mit qu'elle conservât le doux éclat de sa » jeunesse, tandis que, pour marquer que » le Sauveur s'étoit réellement soumis à » toutes les misères humaines, il ne falloit » pas que sa divinité nous dérobât rien de

» ce qui appartient à l'homme. C'est pour
» cela que la Vierge est plus jeune que son
» âge, et que je laisse au Sauveur toutes les
» marques du sien (1). »

§ XIX.

De la Tristesse.

La tristesse naît d'une douleur morale,
violente; rien de plus manifeste que les caractères de cette passion, lorsque l'idée d'un
mal irrévocable et toujours présent obsède
sans cesse la pensée, et l'occupe toute entière. A la première nouvelle d'une perte
cruelle, de la mort ou de l'abandon d'un
être chéri; à la vue de la misère, du dés-
honneur, d'une blessure dangereuse, d'une
maladie funeste, ou d'autres causes de dou-

____

(1) Voyez l'ouvrage de Condivi, élève de Michel-Ange,
imprimé à Rome, sous les yeux du maître, et publié en
1553, page 32. J'ai vu chez M. Desène, sculpteur, et membre
de l'Institut, un superbe dessin de ce groupe de la main
de Michel-Ange.

leur, on se sent frappé à la région épigastrique. Le corps pâlit, se refroidit ; le visage
paroît abattu, décharné par la flaccidité et
la chute subite des formes musculaires ; le
sang déserte l'extérieur ou le système de la
circulation capillaire, il se retire vers le
cœur et les gros vaisseaux , dont tout l'appareil se trouve gonflé. La respiration devient convulsive, et l'on pousse de gros soupirs. Le premier effet de la douleur est quelquefois si terrible , comme je l'ai déjà dit,
qu'il brise le cœur et cause la mort de certains hommes. Ainsi périt Philippe II, roi
d'Espagne, en apprenant la destruction de
son *invincible armada ;* ainsi périt aussi le
pape Jules II, à la nouvelle des progrès
des armées françaises en Italie. Le prince
Georges-Louis de Holstein tomba mort en
faisant mettre sa femme au tombeau. Un
général allemand voit un guerrier faire des
prodiges de valeur au siége de Bude; ce
brave périt sur la brèche ; le général arrive,
reconnoît son fils, tombe en défaillance, le
saisit et rend le dernier soupir. Un mot de

Louis XIV a causé la mort de Racine; Horace mourut de chagrins, neuf jours après avoir perdu *Mécène*, son bienfaiteur: ainsi, une grande douleur, morne, profonde, sans pleurs et sans paroles, tue quelquefois; ainsi Niobé est changée en pierre. Mais, quand la nature est parvenue à soulever le poids qui opprime la poitrine, les plaintes s'exhalent au dehors, les soupirs s'échappent, les larmes coulent; on commence à parler de son mal, alors il se change en une tristesse, qui, dès qu'elle dégénère en mélancolie, mène lentement à la mort.

La tristesse, comme on vient de le voir, produit l'abattement de toutes les facultés physiques ; occupe seule toutes celles de l'âme, et notre attention ne peut se détourner de l'idée de l'objet qui nous afflige. La tristesse cherche la solitude, et se nourrit par la réflexion.

« L'abattement que produit la tristesse, » dit Charles Le Brun, fait élever le sourcil » vers le milieu du front plus que du côté des » joues; la prunelle est trouble, le blanc de

» l'œil est jaune, les paupières abattues et
» un peu enflées, le tour des yeux livide,
» les narines tirant en bas, la bouche en-
» tr'ouverte, les coins abaissés, les lèvres
» pâles et sans couleurs. »

Cette définition s'éloigne, en beaucoup
de points, de la vérité, et les Dessins qui
l'expliquent manquent d'exactitude et de
noblesse.

Dominiquin a traité l'expression de la
tristesse avec plus de vérité et de dignité ; il
suffit, pour s'en convaincre, de voir au Musée du Roi le tableau où il a représenté
*Énée sauvant de l'incendie de Troie son
père, sa femme et son fils.*

Si l'on veut se former encore une plus
juste idée de l'abattement absolu qui accompagne la tristesse, qu'on examine dans
le *Testament d'Eudamidas*, la figure de la
fille du testateur, que Poussin a placée au
pied du lit de mort de son père. Ce grand
peintre a reproduit la même expression dans
son beau tableau de l'*Extrême-Onction* ; et
dans un tableau du même auteur, qui est

au Musée du Roi, la tête de Saphire, femme d'Ananie, est encore un modèle parfait de l'abattement causé par la tristesse.

Nous avons aussi , dans un bas-relief antique, une très-belle représentation de l'affliction, portée jusqu'au désespoir : c'est une *Figure d'Hécube, pleurant la mort d'Hector.* Sa tête est penchée vers la terre : elle porte la main droite au front, mouvement machinal qui marque l'excès de la tristesse : « plongée dans une morne dou- » leur, dit Winkelmann (*Histoire de l'Art*), » Hécube est auprès du corps défiguré d'Hec- » tor, son fils; elle ne verse point de larmes, » parce que les larmes , lorsque l'affliction » touche le désespoir, ne peuvent se faire » jour. C'est pourquoi Sénèque fait dire à » Andromaque : »

« Levia perpessæ sumus .
» Si flenda patimur.... ».

§ XX.

Du Pleurer.

Quand les pleurs accompagnent la tristesse, on peut espérer une consolation prochaine : les larmes soulagent les plus violentes douleurs, et on se complaît dans les pleurs qu'elles font répandre : *Est quœdam flendi voluptas!* On s'enfonce dans la solitude, pour pleurer loin des témoins, et on revient dans la société un peu soulagé; le poids qui opprime la poitrine devient plus léger, et les facultés physiques renaissent.

« Les changemens que cause le pleurer,
» dit Le Brun, sont très-marqués : le sourcil
» s'abaisse sur le milieu du front; les yeux
» sont presque fermés, mouillés et abaissés
» du côté des joues; les narines enflées; les
» muscles et les *veines* du front sont appa-
» rens; la bouche fermée; les côtés abaissés,
» faisant des plis aux joues; la lèvre infé-
» rieure renversée presse celle de devant;
» tout le visage est ridé, froncé, rouge, sur-

» tout à l'endroit des sourcils, des yeux, du
» nez et des joues. »

On voit tant de pleurs dans le monde,
que Le Brun ne pouvoit pas se tromper sur
ce signe non équivoque de la tristesse ; cependant l'expression qu'il donne du pleurer
est prise sur une nature ignoble et défectueuse.

Le pleurer est rendu avec plus de vérité et
de noblesse dans une tête peinte sur bois
par Corrège, et représentant la *Madelaine
repentante :* elle est dans le cabinet de M. le
chevalier Sommariva. Ici, l'expression est
parfaite, les larmes sont naturelles, et coulent lentement et sans efforts : ce sont celles
d'un repentir sincère et profond. Les mouvemens de la douleur ne déforment pas les
beaux yeux, et n'agrandissent pas la bouche.
Cet ouvrage du Corrège porte l'émotion dans
l'âme, et fait regretter qu'un aussi beau visage que celui de *la Madelaine* ait perdu sa
fraîcheur. M. Sommariva possède aussi une
statue du chevalier *Canova*, représentant
le même sujet. Le marbre est animé, et c'est

un chef-d'œuvre d'expression, dans un autre
genre; car la tête, la pose, l'affaissement
général et l'affliction complète de la Sainte,
placent l'âme du spectateur entre l'admiration qu'excite le talent du statuaire, et la
tristesse qu'inspire le repentir qu'exprime
la figure qu'il a exécutée.

La tête de saint Jean, du tableau de Raphaël, appartenant au roi d'Espagne, et que
l'on a vu à Paris chez M. le chevalier Bonnemaison, est aussi un modèle parfait de l'expression dont il s'agit. Que de sublimes beautés dans les formes et les traits du visage de
l'apôtre bien-aimé : il pleure amèrement
Jésus-Christ, son maître, son protecteur,
qu'il voit accablé du poids de la croix, sur
laquelle il va mourir! Quelle douceur dans
les contours de cette tête! que de noblesse
dans sa douleur! Elle a été calquée, dessinée
et gravée sous les yeux de M. Bonnemaison,
connu par des ouvrages distingués et par
une copie parfaite d'un tableau de Raphaël,
de la collection du roi d'Espagne. Je termine ce paragraphe, en invitant les étudians

à se procurer cette gravure pour en faire
un objet d'étude.

§ XXI.

Du Désespoir.

C'est à tort que Charles Le Brun a mis le
désespoir au nombre des passions : c'est une
fureur, une aliénation complète des facultés
intellectuelles. Quand une douleur subite a
été assez violente pour produire les symptômes qui amènent ordinairement la mort,
et que cependant la force de la constitution
organique y a résisté, il est rare que le
centre cérébral n'en reste pas affecté toute
la vie, et que la manie n'en soit pas une
suite inévitable. Les loges de Bicêtre, de
Charenton et de la Salpêtrière sont rem-
plies de furieux qui y ont été conduits par
le désespoir.

Le désespoir peut être le résultat d'une
passion ardente et forte, qui a rencontré
des obstacles qu'elle n'a pu vaincre, ou de
la perte irréparable d'un objet que l'on ché-

rissoit plus que la vie; mais ce n'est une passion ni dans l'un ni dans l'autre cas : quand
il ne conduit pas à la mort, il conduit presque toujours à la manie furieuse. Cependant
il est des hommes chez qui la raison et
l'énergie de l'organisme, triomphant du désespoir, ramènent le calme : alors ils tombent dans une mélancolie profonde, et la
paix du cœur n'en est pas moins perdue
pour eux sans retour.

« Comme cette passion est extrême, dit
» Charles Le Brun, ses mouvemens le sont
» aussi : le front se ride de haut en bas; les
» sourcils s'abaissent sur les yeux, et se
» pressent aux côtés du nez; l'œil est en feu
» et plein de sang; la prunelle égarée, ca-
» chée sous le sourcil, étincelante et sans
» arrêt; les paupières enflées et livides, les
» narines grosses, ouvertes et élevées, le bout
» du nez abaissé, les muscles, tendons et vei-
» nes enflés et tendus, le bout des joues gros,
» marqué et serré à l'endroit de la mâchoire,
» la bouche retirée en arrière et plus ouverte
» par les côtés que par le milieu, la lèvre in-

» férieure, grosse, renversée; on grince les
» dents, on écume, les cheveux sont droits
» et hérissés. »

Voilà bien, je pense, la tête d'un fou furieux,
telle qu'on n'en voit rarement de semblables,
aux Petites-Maisons. C'est cependant d'après
cette singulière description que Charles Le
Brun a dessiné la figure qu'il nous donne
pour modèle de l'expression du désespoir :
cependant le désespoir est quelquefois tellement concentré, qu'il ne s'exprime que
par le gonflement de la poitrine et par la
contraction des muscles pauciers du front,
et celle des muscles orbiculaires. Si donc la
figure dessinée par Le Brun tombe entre les
mains des élèves, je les prie de ne l'étudier
que pour en éviter les grimaces et les convulsions.

Je ne prétends pas sans doute que l'on
exprime le désespoir par des mouvemens
souples et gracieux, mais il ne faut pas non
plus lui attribuer, comme l'a fait Le Brun,
des contractions hors des convenances et de
la vérité.

On peut considérer la figure de *Marcus Sextus* du beau tableau de M. le chevalier Guérin, comme un modèle à suivre, quand on voudra exprimer le désespoir produit par la douleur morale; quant au désespoir que produit une douleur physique, violente, et dont on ne peut prévoir le terme, il ne peut pas être mieux exprimé qu'il ne l'est sur les têtes d'un damné, dans le tableau du *Jugement dernier*, de Michel-Ange, et même dans celui où Jean Cousin a représenté le même sujet, et que l'on voit au Musée du Roi. On doit surtout consulter la figure de cette mère furieuse, et réduite au désespoir, que Raphaël a peinte dans son tableau du *Massacre des Innocens*, gravé par *Marc Antoine*. L'excès des douleurs de cette femme est aussi bien exprimé par son attitude et ses gestes, que par les mouvemens de son visage. Il est singulier que Le Brun nous ait donné un si mauvais Dessin de l'expression du désespoir, dans son *Traité des Passions*, puisque dans son tableau du *Massacre des Innocens*, on trouve plusieurs têtes de femmes, qui expriment très-bien cette cruelle situation de l'âme.

§ XXII.

De la Frayeur ou de l'Effroi.

La frayeur, ou l'effroi, diffère de la crainte, en ce que celle-ci est l'appréhension d'un mal prévu, ou présumé, tandis que celle-là est la peur causée par un événement imprévu, subit, et dont on ignore la nature. La crainte est fondée sur la connoissance que nous avons des qualités malfaisantes de l'objet qui nous l'inspire ; la frayeur n'existe souvent que dans notre imagination : le moindre bruit, le moindre choc, l'apparition subite et inattendue d'un objet, de quelque nature qu'il soit, peut porter l'effroi dans l'âme d'un individu dont le genre nerveux est très-délicat, et produire dans le centre cérébral, une révolution . telle qu'elle peut troubler pour toujours les facultés. La crainte peut durer long-temps.

la frayeur est toujours subite et momentanée : elle produit en nous un saisissement
désagréable, qui glace les sens, et abat sur-
le-champ les forces physiques. Elle augmente d'abord l'action du cœur, et le res-
serre presque aussitôt ; elle retarde conséquemment la circulation, contracte tous
les vaisseaux, et cause un frisson général, qui
produit un état spasmodique dans le genre
nerveux, et repousse comme la crainte et
la douleur morale, les humeurs de la circonférence au centre ; enfin l'effroi fait tres-
saillir, trembler et pâlir.

« La violence de cette passion, dit Charles
» Le Brun, altère toutes les parties du visage :
» le sourcil s'élève par le milieu, ses mus-
» cles sont marqués, enflés, pressés l'un contre
» l'autre, et baissés sur le nez qui se retire
» en haut aussi bien que les narines ; les
» yeux sont ouverts, la paupière de dessus
» cachée sous le sourcil, le blanc de l'œil
» environné de rouge, la prunelle égarée
» se place dans la partie inférieure de l'œil,
» le dessous de la paupière s'enfle et devient

» livide, les muscles du nez et des joues s'en-
» flent, et ceux-ci se terminent en pointe du
» côté des narines; la bouche est fort ou-
» verte, et ses coins sont apparens; les mus-
» cles et les veines du col tendus; les che-
» veux hérissés, la couleur du visage comme
» celle du bout du nez et des lèvres ; les
» oreilles et le tour des yeux, pâle et livide,
» enfin tout dans cette expression doit être
» fort prononcé. »

On sent, par ce que nous avons dit de la
frayeur, ou de l'effroi, que cette description
manque d'exactitude, et qu'elle est même
contraire à ce qui se passe réellement, au
moment où ce sentiment s'empare de nos
sens et de notre esprit. Qu'on jette un coup
d'œil sur une compagnie de militaires encore peu aguerris, et l'on verra qu'au moment où ils voient le feu et entendent le bruit
d'un canon, leur premier mouvement sera
de fermer les yeux , et de baisser la tête.
L'éclair et l'explosion de la foudre produisent le même effet sur l'homme et même
sur tous les animaux.

La description de la frayeur, par Le Brun, ne convient en partie à l'effroi, qu'au moment où celui qui l'a éprouvé, ayant tout à coup recouvré l'énergie de ses facultés, s'est déterminé à fuir l'objet qui l'effraie. Alors, j'en conviens, les nerfs qui s'étoient d'abord retirés, et dont le mouvement avoit déterminé le sang à se porter vers le cœur, s'épanouissent de nouveau, la circulation reprend son cours, et comme toujours la réaction est proportionnée à l'action, les muscles se contractent, et présentent quelques-unes des formes dont parle Le Brun. Le Dessin de l'effroi que donne ce peintre est loin d'être un modèle à imiter. Il a figuré la frayeur, dans son tableau de *la Bataille d'Arbelles*, par un prince persan qui prend la fuite; mais comme je viens de le dire, l'effroi n'est point caractérisé par la fuite, elle n'en est pas même toujours la conséquence possible, car il est susceptible d'anéantir nos facultés, au point de nous mettre hors d'état de nous éloigner de l'objet qui nous l'inspire, et de nous laisser sans défense à son aspect.

On en voit dans plusieurs animaux de nombreux exemples.

Quand les étudians voudront exprimer le véritable effroi, je leur conseille d'étudier quelques têtes du tableau d'*Héliodore battu de verges*, ouvrage de Raphaël, et celles des femmes que le Dominiquin a peintes dans *le Supplice de saint André*.

§ XXIII.

De la Colère.

La colère est comme la fureur, une violente émotion de l'âme qui nous fait agir avec impétuosité et sans réflexion, contre tout ce qui nous offense ou nous cause de la douleur. Les personnes les plus susceptibles de colère sont celles chez qui les desirs sont les plus vifs et les plus impétueux. Tout ce qui s'oppose à leur satisfaction les irrite et les met hors d'elles-mêmes.

La colère est la plus violente de toutes les passions, elle met toute la machine dans la plus grande agitation ; elle irrite le système nerveux, elle double l'énergie du système musculaire ; elle fait battre le cœur et les artères avec plus de force, et chasse le sang avec une incroyable violence. Mais ce fluide accumulé à l'orifice des artères capillaires, par la fréquence des pulsations, ne s'y introduit que lentement ; de là vient qu'en rendant la circulation plus rapide, la colère cause quelquefois la pâleur de la face et de toute la figure : voici la description qu'*Hildames* donne de cette passion : *Est enim ira omnium perturbationum atrocissima et fecundissima infinitorum malorum mater, quæ naturam hominis in Trumentam mutat feram ; ira sanguinem concitat in venis, cerebrum concutit, nervos convellit, humores exagitat, calorem labefactat, inanimum cujus veluti fervor esse videtur.*

La colère est de toutes les passions la plus atroce et la plus féconde en perturbations : elle est la mère d'une infinité de maux. En cumulant le sang dans les veines, elle irrite le cerveau et les nerfs, elle agite toutes les humeurs, elle augmente leur chaleur naturelle, au point de les rendre bouillantes ; j'ajouterai, pour terminer ce tableau de la colère, que portée au dernier point, elle peut produire une contraction du cœur et de l'épigastre, telle que la mort en résulte.

« Les effets de la colère, dit Le Brun,
» en font connoître la nature : les yeux de-
» viennent rouges, enflammés, la prunelle
» égarée et étincelante, les sourcils tantôt
» abattus, tantôt élevés également ; le front
» très-ridé, des plis entre les yeux ; les na-
» rines ouvertes et élargies ; les lèvres se pres-
» sent l'une contre l'autre ; l'inférieure sur-
» montant la supérieure, laisse les coins de
» la bouche un peu ouverts qui forment alors
» un ris cruel et dédaigneux. »

Je ne sais si Le Brun avoit examiné sur la nature les effets de cette passion ; mais il en a donné un mauvais Dessin. Poussin l'a beaucoup mieux rendu dans plusieurs de ses tableaux, et surtout dans celui de *la Femme adultère.*

§ XXIV.

De la Haine.

La haine n'est autre chose qu'une colère enracinée, c'est un sentiment d'aversion contre quelqu'un dont nous avons reçu quelque injure, ou qui, même tout en nous faisant justice, nous a causé quelque mal : il y a plus, on peut haïr jusqu'à ceux auxquels on a fait du tort, et il est plus difficile pour certaines âmes de pardonner les injustices qu'elles ont faites que celles qu'elles ont reçues.

La colère est dans le cœur : son premier mouvemeut est impétueux et terrible, mais elle se calme avec le temps, et se change souvent en compassion. La haine est dans la mémoire, le temps la fortifie ; elle poursuit son objet jusqu'à ce qu'elle se soit assouvie. On a vu des monstres poursuivre leurs bienfaiteurs même jusquesur l'échafaud, dans ces temps déplorables où toutes les passions funestes étoient déchaînées.

La colère agit ouvertement et sans réflexion,
la haine agit sourdement et médite dans
l'ombre ses cruels attentats. On peut se
mettre dans une furieuse colère contre une
brute, un cheval, un chien, et même contre
un obstacle purement physique, qui s'oppose à nos desirs; mais ce qui rend la haine
plus funeste, c'est qu'on ne peut haïr que
son semblable, un être comme soi intelli-
gent et raisonnable.

Tout homme qui se plaît à nuire à ses
semblables, mérite la haine publique; mais
combien de grands hommes se la sont attirée
par le bien même qu'ils ont fait! Lorsque
la haine se manifeste contre son objet par
un acte ostensible, elle devient alors la colère et produit les mêmes effets.

« La haine, dit *Charles Le Brun*, rend le
» front ridé, les sourcils abattus et froncés,
» l'œil étincelant, la prunelle à demi cachée
» sous le sourcil tourné du côté de l'objet
» que l'on hait : elle doit paroître pleine de
» feu, aussi-bien que le blanc de l'œil et les
» paupières : les narines pâles, ouvertes,

» plus marquées qu'à l'ordinaire, retirées en
» arrière, ce qui fait paroître des plis aux
» joues ; la bouche fermée de manière à an-
» noncer que les dents sont serrées, les coins
» de la bouche retirés et fort abaissés ; les
» muscles des mâchoires paroissent enfon-
» cés ; la couleur du visage paroît enflam-
» mée, partie jaunâtre, les lèvres pâles ou
» livides. »

Ces observations de Le Brun sont bonnes,
mais elles sont généralement outrées; on
peut les consulter, mais c'est surtout sur la
nature que l'on apprendra à connoître les
effets de la haine sur celui qui l'éprouve,
lorsqu'il est en présence de l'objet qui la
lui inspire. Le Brun n'est d'ailleurs pas parvenu à donner un bon Dessin de cette passion, et Poussin n'a pas été plus heureux que
lui. Au reste, la peinture de la haine appartient plus à la poésie qu'aux arts dépendans du Dessin; rien de plus vrai que celle
qu'en donne Racine dans ce passage de la
tragédie d'*Esther*, qu'il met dans la bouche
d'Aman.

Un homme tel qu'Aman , lorsqu'on l'ose irriter,
Dans sa juste fureur ne peut trop éclater ;
Il faut des châtimens dont l'univers frémisse !
Qu'on tremble en comparant l'offense et le supplice :
Que les peuples entiers dans le sang soient noyés.
Je veux qu'on dise un jour aux siècles effrayés :
Il fut des Juifs, il fut une insolente race;
Répandus sur la terre, ils en couvroient la face ;
Un seul osa d'Aman attirer le courroux ,
Aussitôt de la terre ils disparurent tous.

Sans doute ce tableau poétique de la haine est au-dessus de tout ce que les meilleurs peintres ont tenté de faire pour exprimer cette passion. S'ils n'ont pas réussi ce n'est point la faute de leur génie, mais bien celle de l'art, qui n'a pas les moyens de rendre un sentiment concentré qui, lorsqu'il éclate au-dehors, prend une forme différente de son principe. Aman, de race amalécite , étoit l'ennemi des Juifs ; mais sa haine pour cette nation n'a pu se développer que lorsqu'il s'est vu assez puissant pour agir contre elle. Le poëte ne peint cette haine qu'au moment où elle est sur le point de s'assouvir , mais le peintre ne pouvant la

présenter avec succès qu'à l'instant même
où elle s'assouvit, et où elle est en présence
de son objet, ne peut lui donner d'autre expression que celle qui appartient à la colère.

§ XXV.

De la Vengeance.

La vengeance diffère de la haine, en ce
qu'elle est toujours motivée par une injure
ou un outrage, tandis que, comme je l'ai dit,
on peut haïr même son bienfaiteur: elle diffère aussi de la colère, en ce que celle-ci se
manifestant au-dehors, se fait connoître par
les traits de la face et par tous les mouvemens de la figure, tandis que celle-là se con-
centre et se cache dans le cœur de la personne outragée.

L'expression de la vengeance, ainsi que
celle de la haine, ne pouvant donc consister
dans les gestes et les mouvemens du corps,
mais seulement dans des paroles, appartient
exclusivement à la littérature, et surtout à

la poésie, car si le peintre et le sculpteur
veulent l'exprimer par des attitudes et par
des formes particulières, ils ne peuvent le
faire qu'au moment où elle éclate, et il faut
qu'ils lui donnent les traits caractéristiques
de la colère, ou ceux d'une joie amère, expression rendue avec autant de vérité que
de précision, par ces deux vers que *Crébillon* met dans la bouche d'Atrée :

Avec l'éclat du jour je vois enfin renaître,
L'espoir et la douceur de me venger d'un traître.

Quand le peintre produiroit sur la toile,
ou le sculpteur sur le marbre, un homme
qui, justement irrité contre un individu,
exerceroit sur lui sa vengeance, l'expression seroit toujours équivoque, car on ne
peut jamais la rendre que par une action
qui pourra tout aussi-bien passer pour l'effet de la colère, ou de la haine, que pour
celui de la vengeance, et qui aura le caractère d'un combat ou d'un assassinat. Et
comme il n'est donné ni à la peinture ni
à la sculpture d'exprimer les passions au-

trement que par des formes précises et arrêtées, tous les sentimens combinés ou concentrés sont hors de leur ressort, et appartiennent à la seule littérature.

Je n'examine point si Atrée a raison de vouloir se venger d'un frère qui lui a enlevé sa femme pour satisfaire l'amour qu'elle lui voit inspiré, je sens seulement que Crébillon a exprimé le sentiment de la vengeance, avec une vérité et une précision dont il seroit impossible aux beaux arts d'approcher. Mais suivons le poëte dans le tableau plein de force qu'il fait de cette passion :

Que je l'épargne, moi ! lassé de le poursuivre,
Pour me venger de lui que je le laisse vivre !
Ah ! quels que soient les maux que Thieste ait soufferts,
Il n'aura contre moi d'asile qu'aux enfers.
Mon implacable cœur l'y poursuivroit encore,
S'il pouvoit s'y venger d'un traître que j'abhorre.
Après l'indigne affront que m'a fait son amour,
Je serai sans honneur tant qu'il verra le jour !
Un ennemi qui peut pardonner une offense,
Ou manque de courage, ou manque de puissance;
Rien ne peut arrêter mes transports furieux,
Je voudrois me venger, fût-ce même des Dieux.

Du plus puissant de tous j'ai reçu la naissance ,
Je le sens au plaisir que me fait la vengeance. (1)

Je demande par quel moyen la peinture pourroit rendre un seul trait de ce morceau, où se trouve exposé ce qui va se passer pendant cinq actes. Certainement ici la poésie l'emporte de beaucoup sur la peinture , mais il est des cas où celle-ci à son tour est supérieure à la poésie. Le grand mérite de Lucain est d'exprimer avec une vigueur et une précision merveilleuses, les sentimens de ses personnages, on les lit pour ainsi dire sur leurs visages : cet auteur paroît avoir écrit pour les artistes , et ils trouveront dans ses ouvrages de véritables modèles d'expression pittoresque.

§ XXVI.

De la Jalousie.

La jalousie est la crainte qu'une personne chérie n'accorde sa tendresse à une autre.

(1) Atrée et Thieste , acte I. scène II.

On est jaloux en amitié comme en amour. On peut dire de cette passion qu'elle joint quelquefois toutes les fureurs de la haine aux transports de l'amour; c'est au point que Le Brun l'a confondue avec la haine elle-même, et en cela il a eu très - grand tort. La jalousie est une passion si naturelle, que les enfans en sont déjà susceptibles. Dès l'âge le plus tendre, « J'ai vu, dit saint Au- » gustin, un enfant jaloux étant encore à la » mamelle, il ne savoit pas encore pronon- » cer une seule parole, et avec un visage » pâle et des yeux irrités, il regardoit un » autre enfant qui tétoit avec lui. » La jalou- sie fait naître la colère, la haine, la fureur, et conséquemment elle peut produire au- tant de crimes que ces trois funestes passions, dont elle partage d'ailleurs les caractères... La jalousie est quelquefois si minutieuse, qu'il suffit d'un geste, d'un regard, pour la faire naître dans le cœur d'un homme dé- fiant.

Il est en amour une sorte de jalousie, qui tient à la délicatesse de celui qui la conçoit:

elle est dans ce cas provoquée par la défiance qu'il a de son mérite, et par la crainte de ne pas inspirer l'amour qu'il ressent.... Un homme délicat et jaloux peut éprouver beaucoup de chagrins et de tourmens, mais il ne les fait connoître à celle qu'il aime que par des plaintes pleines de douceur et de tendresse.

En parlant du prince le plus vertueux, Racine a dit :

Si Titus est jaloux, Titus est amoureux.

Tout être amoureux sera jaloux sans doute; mais quand la jalousie en amour n'est pas modérée par la raison, elle conduit aux plus grands excès.

L'homme amoureux qui n'est pas jaloux, compte entièrement sur la vertu de sa femme ou de sa maîtresse; ou c'est un orgueilleux, qui, plein d'amour-propre, croit honorer l'objet de sa tendresse.

§ XXVII.

De l'Envie.

Je ne sais comment définir cette passion qui nous rend jaloux du bonheur des autres. Que l'on desire de l'aisance, des plaisirs, des richesses, des honneurs, rien de plus naturel; il est peut-être naturel aussi de voir avec quelque peine un autre jouir tranquillement et en profusion des avantages dont nous sommes privés; mais être jaloux du bonheur d'autrui, quand on peut être heureux soi-même, c'est le sentiment d'une âme basse et atroce en même temps; c'est l'envie. J'avoue que je ne conçois pas ce sentiment : le monde en offre cependant tous les jours de tristes exemples : *les envieux mourront, mais non jamais l'envie.* Je connois plus d'un homme et plus d'une femme capables de voir avec peine des personnes mêmes qui devroient leur être chères sous plus d'un rapport, acquérir les biens et les honneurs, enfin les avantages dont ils jouissent eux-mêmes.

L'envie comme une infinité d'autres sujets, ne peut être représentée en peinture qu'allégoriquement; il existe cependant une tête de l'envie, gravée d'après Corrège, mais elle est mauvaise.

Je ne sais pourtant si la tête de la fausse mère du *Jugement de Salomon,* par Poussin, ne seroit pas propre à servir de modèle au peintre qui voudroit exprimer l'envie.

Les anciens avoient fait de l'envie une divinité malfaisante, à laquelle ils adressoient des prières pour détourner d'eux sa maligne influence. Virgile dit que le Dieu des enfers l'avoit attachée à son service, Ovide la place dans un antre obscur et profond, d'où elle lance au hasard ses traits envenimés : elle est figurée par une femme décharnée dont la gorge est pendante et couleur de fiel; ses yeux sont caves, sa bouche envenimée; des couleuvres composent sa chevelure : elle tient dans ses mains des serpens et une torche allumée.

Voltaire l'a personnifiée dans sa *Henriade*,

et il en a fait une description pleine d'imagination et de verve.

§ XXVIII.

De l'Horreur.

L'horreur est un sentiment que les poëtes
et les artistes ne doivent jamais chercher à
exciter ni conséquemment jamais peindre.

Il est permis aux artistes d'être de temps
en temps tragiques à leurs manières, ils doivent chercher à émouvoir la terreur et la
pitié dans l'âme des spectateurs, qui aiment
les images tristes et les effrayans sujets;
mais à cet égard, on doit observer que la
terreur ou le phaiboron des Grecs, est une
situation de l'âme, affectée par une grande
crainte; tandis que l'horreur est un spasme
réel et une convulsion véritable; et il y a
certainement une grande différence entre
peindre des sujets terribles, ou des sujets
horribles.

Quand Eschyle fit représenter à Athènes
sa tragédie des *Euménides,* les décorateurs

remplirent le théâtre de tant d'images funestes, et d'un appareil si infernal, qu'il en ré-
sulta des convulsions qui firent avorter des
femmes, et expirer des enfans; et ce fait jus-
tifie bien la différence qu'il y a entre ce
qu'on appelle la terreur, et ce qu'on nomme
l'horreur.

Cependant cette même tragédie d'Eschyle,
qui produisit tant d'effet à la représentation,
n'en produit aucun à la lecture, tandis que
l'*Antigone* de Sophocle, et l'*Oreste* d'Eu-
ripide, excitent de l'émotion, lors même
qu'on les lit : ce qui prouve encore la différence qu'il y a entre le pathétique et l'horrible.

L'horreur est un état convulsif; elle produit sur l'âme et l'organisme des effets
funestes. Cependant Charles Le Brun ne
craint pas de dire que l'objet *méprisé* cause de
l'horreur, comme si cette terrible affection
avoit le moindre rapport avec le mépris.
L'horreur ne peut être provoquée que par
un objet hideux et révoltant.

Dans l'horreur, dit Charles Le Brun, « le

» sourcil se fronce et s'abaisse beaucoup plus
» que dans le mépris ; la prunelle située au
» bas de l'œil , est à moitié couverte par sa
» paupière inférieure , la bouche entr'ou-
» verte , mais plus serrée par le milieu que
» par ses extrémités , qui étant retirées en
» arrière, forment les plis des joues ; le visage
» pâlit , et les yeux deviennent livides , les
» muscles et les veines sont marqués. »

Le Dessin que Le Brun a donné de cette
expression, n'est propre qu'à égarer les étudians : ils feront bien de consulter la tête de
la Vierge dans *la Descente de Croix*, de Carrache , qui ornoit la galerie du duc d'Orléans , où je l'ai copiée. Dans ce tableau,
Jésus est étendu au pied de la croix : Marie
arrive inopinément ; à l'aspect de son fils ,
on ne sait ce qui se passe dans son âme ;
mais on voit que, cruellement affectée par le
souvenir de ce qu'il a souffert, elle est pé-
nétrée *d'horreur* à la vue de son corps ina-
nimé , sur lequel elle veut se précipiter ,
qu'elle voit et qu'elle demande encore. Dans
son agitation délirante, la prunelle de ses

yeux se dilate , et ses narines s'élargissent ,
ses joues s'applatissent et sa bouche s'ouvre
à l'excès : enfin elle est dans un état voisin
de la mort. Voilà comment le grand peintre
de l'école Lombarde a représenté l'horreur
que peuvent inspirer la cruauté et l'injustice
à la vue de celui qui en a été la victime. Cet
ouvrage est passé en Angleterre : il est dans
la collection de lord *Cartisle* , chevalier de
l'ordre de la Jarretière.

§ XXIX.

Du Mépris.

Le mépris non plus que l'estime ne devroient être inspirés que par les qualités
morales de l'homme, néanmoins, il n'arrive
que trop souvent que l'on accorde son estime à la richesse et à l'éclat, et son mépris
à la pauvreté. Cependant on ne méprisera
jamais un homme parce qu'il sera laid ou
contrefait, et si on le méprise parce qu'il
est pauvre, il faut en accuser un faux raisonnement, qui nous fait croire que s'il est resté

pauvre, c'est le défaut d'intelligence ou de conduite qui l'a empêché de devenir riche; et par le même faux raisonnement, on estime le riche, parce qu'on allie avec sa fortune l'idée d'une conduite prudente et d'une intelligence supérieure. On voit par là que le mépris n'est point un sentiment naturel, et qu'il résulte toujours d'un calcul juste ou erronné.

Il ne faut pas confondre le mépris avec l'orgueil : l'orgueil est un excès de l'amour-propre, ou de l'estime que l'on fait de soi-même, et l'on peut très-bien mépriser ce qui est réellement méprisable sans trop s'estimer soi-même. L'orgueil est un travers qui, joint à la sottise, est peint avec beaucoup d'esprit dans une fable de l'abbé Aubert:

Lorsque Jupin forma les animaux,
    Chacun d'eux reçut en partage,
    Et des vertus et des défauts ;
L'âne seul murmura de son simple apanage :
Je n'ai, dit-il, pour moi ni force ni beauté.
    Jupin sensible à sa requête,
Lui donna tout, car dans sa lourde tête
    Il renferma la vanité.

Le dédain diffère autant du mépris que de l'orgueil, il ne se rapporte qu'indirectement à la personne d'autrui ; mais un juste sentiment de notre propre valeur nous rend insensible aux injures qui nous sont adressées de trop bas.

La tête de *Jésus portant sa croix*, tableau sur bois peint par Titien, et que l'on voit dans la galerie de M. Sommariva, est le plus beau modèle que l'on puisse consulter pour l'expression du *dédain*.

Jésus porte sa croix ; ses yeux remplis de sang sont de la plus grande vérité ; sa bouche, quoique exprimant la douleur, est belle et pleine de douceur. Le dédain siége sur les lèvres du fils de Dieu descendu à la condition humaine : il est sans passion contre ses ennemis, et il leur pardonne ses souffrances. Ce tableau est à la fois un chef-d'œuvre d'expression et de coloris. Les linges sont du plus beau faire possible, ils ne sont ni trop blancs ni trop sacrifiés. Titien a tenu un juste milieu dans le coloris des draperies, pour ne pas éteindre la lumière de la tête.

Le mépris, ainsi que le dédain, peut naître de l'indignation, sentiment vif et concentré qui le précède toujours, puisqu'il ne rétrograde jamais. Une scène scandaleuse, une action injuste provoquent l'indignation qui nous porte à en mépriser l'auteur.

La tête de Simon le Cyrénéen, que l'on voit dans un tableau de Raphaël, représentant une *Descente de Croix*, exprime parfaitement l'indignation d'un serviteur fidèle, douloureusement affecté des outrages dont on accable son maître, sans qu'il soit en son pouvoir de l'y soustraire (1).

« Les mouvemens du mépris, dit Le Brun,
» sont vifs et marqués; le front se ride,
» le sourcil se fronce, s'abaisse d'un côté
» du nez, et il s'élève de l'autre côté;
» l'œil est très-couvert, la prunelle au mi-
» lieu, les narines élevées se retirent du
» côté des yeux, et font des plis aux joues;

(1) Ce tableau fait partie de la collection du roi d'Espagne : il a été à Paris de M. Bonnemaison, qui a fait graver la tête de Jésus sur un calque de la même grandeur que l'original.

» la bouche se ferme, ses extrémités se bais-
» sent et la lèvre de dessous excède celle
» de dessus. »

Ceux qui auront étudié la tête du tableau de Raphaël, dont je viens de parler,
pourront se dispenser de consulter le Dessin
que donne Le Brun, pour exprimer le mépris.

§ XXX.

Conclusion.

Quoique les passions s'expriment, principalement, par les mouvemens que l'artiste
imprime selon les circonstances, aux traits du
visage; il feroit un grand contre-sens s'il ne
répandoit pas cette impression sur toutes les
autres parties de la figure. Chez les hommes
foibles, les impressions intérieures se ma-
nifestent subitement et involontairement
par les anastomoses que le grand *trisplans-
chnique* envoie à tous les rameaux des nerfs
faciaux qui dirigent les muscles de la physionomie; mais chez les hommes d'un grand
caractère, chez tous ceux dont l'âme sait puis-

samment résister à toutes les impressions
intestines, souvent le cœur éprouve des émotions vives et violentes, sans que cependant
leurs faces montrent la moindre altération;
mais ce calme résultant de la force de l'intelligence et de l'empire qu'elle exerce sur tout
le système épigastrique, est souvent le pré-
curseur d'un violent orage, qui commence à
se manifester par les gestes et les attitudes
des autres parties du corps; sans que le visage (auquels le hommes supérieurs aux autres par leur rang et leur dignité doivent savoir commander), sorte de son état naturel.
Cependant si le reste de leur figure, si leurs
membres étoient à découvert, on y verroit
les signes les plus manifestes d'un trouble excessif.

Le geste ou la pantomime, je dirai plus,
les draperies elles-mêmes, sont essentiellement liées à l'expression, dans la peinture et
la sculpture.

L'expression ne se borne donc pas au mouvement des sourcils, des yeux, de la bouche,
du nez, des oreilles, de la tête, des cheveux,

mais elle est encore dans l'attitude générale du corps, dans la pose des bras, des jambes, et même dans l'action des mains et des pieds.

Poussin et le Sueur en ont donné chacun un exemple frappant : le premier dans la figure d'un des personnages de son tableau de *l'Adoration des Mages*. Non-seulement le corps de ce personnage est courbé et comme plié en deux, mais ses bras, ses mains expriment, plus encore que les traits du visage, la situation de son âme qui est en adoration. Quand on ne verroit pas la face du juge dans le tableau du *Supplice de saint Gervais et de saint Protais*, la position de ses bras et de ses poings fermés avec force, n'indiqueroit-elle pas suffisamment la colère concentrée que Le Sueur a eu l'intention d'exprimer ?

Le Brun, dans son *Massacre des Innocens*, a su rendre l'horrible sentiment de la cruauté froide, par les actions et les mouvemens du roi Hérode. L'attitude de ce roi est entièrement expressive ; il fait passer son

char sur un monceau d'enfans morts ou mou-
rans, entassés par ses cruels satellites. Les
chevaux, moins barbares que lui, reculent
d'horreur et refusent de passer sur ces corps
palpitans, mais son cocher les presse et les
excite : tout dans ce groupe inspire la terreur
et fixe l'attention. L'expression est à la fois
forte et convenable à la circonstance.

Dans le tableau de Boulogne, représentant
*saint Ambroise refusant l'entrée de l'église
à l'empereur Théodose*, le geste seul semble
servir à exprimer l'action. A la vue de l'empereur qui s'approche, saint Ambroise sort du
temple et repousse ce prince : son action est
indiquée par l'extension de sa main droite,
tandis que de la gauche, il semble dési-
gner le nombre des citoyens que Théodose
a fait massacrer, et le lieu aussi-bien que
le temps où ils ont péri. Ces gestes répondent parfaitement aux paroles que l'histoire
prête au saint évêque : l'empereur surpris
de son apostrophe, reste dans l'attitude
qu'il avoit prise en montant les degrés du
temple, il fait seulement un mouvement en

arrière, et voilà ce qui s'appelle la vérité et la simplicité du geste.

Cette composition de Boulogne se trouve parmi les tableaux de la vie de saint Ambroise, dont cet artiste a orné la coupole de l'une des chapelles de l'hôtel royal des Invalides. Rubens a traité le même sujet avec plus d'ambition et beaucoup moins de vérité.

L'expression est tout l'art, a dit un auteur moderne, un tableau sans expression n'est qu'une image pour amuser les yeux un instant. Cet auteur avoit parfaitement raison, car dans la nature, l'air, la lumière, l'eau, les animaux, les végétaux, les rochers, les térasses, les fabriques ont aussi leur expression. Tout, dans le tableau du *Déluge,* de Nicolas Poussin, concourt à exprimer une affreuse convulsion de la terre et du Ciel; dans celui de l'Arcadie, ce tombeau placé au milieu d'un des plus beaux sites de la Grèce, où la nature avoit réuni tout ce qui peut concourir au bonheur de l'espèce humaine, ne semble-t-il pas dire : tout passe dans ce monde, il n'est point de félicité durable ; et *in Arcadia ego*, et moi aussi j'ai vécu dans la délicieuse Arcadie, maintenant je suis morte ?.... et cette inscription qu'il n'étoit donné qu'à un homme d'un puissant génie, de placer ainsi, ajoute à ce paysage je ne sais quel charme qui attache le cœur, et fait la plus profonde impression sur l'esprit.

Ce ne sont pas seulement le trouble, les passions et les agitations de l'âme qu'il est donné aux artistes d'exprimer ; la noblesse, la dignité, la sagesse, l'intelligence, l'éléva-tion des sentimens, enfin tout ce qui cons-titue le moral de l'homme sont aussi du ressort de la peinture et de la sculpture. Toutes ces qualités peuvent en effet se ren-dre et s'exprimer clairement par les habitu-des du corps, ou par les circonstances au mi-lieu desquelles on place celui dans l'âme de qui on veut exprimer qu'elles existent. Mais je le répète, il n'est donné qu'à l'homme qui s'est livré, en observateur profond, à l'étude des influences qu'ont les vertus, les vices, l'énergie, la foiblesse, en un mot toutes les bonnes ou mauvaises qualités du cœur et de l'esprit sur les habitudes du corps, d'exceller dans les passions.

O toi ! donc, jeune homme, qui as la noble ambition de t'élever dans les arts au rang des Léonard-de-Vinci, des Michel-Ange, des Raphaël, des Dominiquain, des Poussin, étudie nuit et jour les ouvrages de ces grands maîtres, mais surtout observe-toi toi-même, observe tes semblables, observe toute la nature, car elle montre une âme jusque dans ses ouvrages les plus imparfaits. Cependant ne prend point au hasard, ou avec une imprudente témérité, tout ce que dans sa profusion elle aura présenté à l'expression de ton pinceau ou de ton ciseau; choisis avec goût parmi tous les objets qu'elle aura offerts à ton observation, ceux qui te paroîtront les plus capables de faire une impression agréable sur un spectateur judicieux. Je dis agréable, car dans les ouvrages de l'art, tout jusqu'à la terreur que l'artiste-poëte parvient à inspirer a son agrément. Mais garde-toi de jamais inspirer l'horreur comme l'ont fait quelques peintres, dont le génie n'etoit pas dirigé par le bon goût, et que j'ai cités dans cet ouvrage; c'est surtout pour te diriger dans le choix des expressions qu'il te conviendra d'étudier les belles statues qui nous restent de l'antiquité, et les ouvrages des grands maîtres qui ont brillé dans quelques écoles de l'Europe moderne.

Non-seulement le geste doit être en rapport avec l'expression de la face, mais il doit à la fois ajouter à la force de cette expression, et servir à la rendre précise et intelligible. Pour que le geste soit expressif et naturel, et en harmonie avec les mouvemens du visage, il faut que le peintre se soit pénétré lui-même du sentiment qu'il doit rendre, et se suppose un moment à la place de l'individu qu'il voudra mettre en scène. Au reste, ici comme dans tout autre cas, il devra avoir égard à la dignité, à l'âge du personnage et à la nature du climat dans lequel il aura vécu, et souvent même aux habitudes de sa profession. S'il veut mieux faire encore, quand il aura arrêté la composition

de son tableau avant d'en dessiner les attitudes et les mouvemens, il écrira le dialogue
de la scène qu'il aura imaginée, et déterminera les gestes de chacun de ses personnages
suivant l'impression qu'il doit recevoir de
ce dialogue, et la part qu'il est censé y prendre. Racine écrivoit ses tragédies en prose
avant de les mettre en vers.

Les tableaux les plus remarquables pour
la vérité du dialogue sont ceux de la *Cène*,
de Léonard-de-Vinci, et de *la Femme adultère*, par Nicolas Poussin : j'ai sous ce rapport, cité plus haut celui de Boulogne.

Quoiqu'il soit bien constant que l'expression des affections et des passions dépend
plus du dessin que de toute autre chose,
puisqu'elle est surtout dans les mouvemens
du corps, cependant, comme je l'ai déjà prouvé ailleurs, le coloris, le clair-obscur, ne lui
sont pas étrangers : il est même, à cause de
cela, des impressions légères, et même quelquefois profondes dans l'expression desquelles le peintre, à mérite égal, l'emportera
toujours sur le sculpteur. Par exemple, com-

ment celui-ci pourroit-il rendre la rougeur que produit la joie ou la colère, la pâleur qui naît de la peur et de la tristesse ? Je n'en finirois pas si je voulois citer ici tous les cas où la couleur contribue à la vérité de l'expression. Il est encore d'autres parties qui appartiennent exclusivement à la peinture, et qui la rendent, sous ce rapport, de beaucoup supérieure à la sculpture, quoique celle-ci ait aussi de son côté des avantages que celle-là ne possède pas.

Les avantages qni appartieunent à la peinture, sont la disposition des fonds et la couleur des étoffes, et tous les accessoires qui dépendent de la palette et du pinceau.

Dans le tableau où Poussin a montré Diogène jetant le vase qui lui servoit à boire, au moment où il aperçoit un berger puisant de l'eau dans sa main, ce grand peintre auroit moins bien exprimé le caractère du philosophe cinique, s'il l'eût placé dans un paysage riant et agréable, qu'en le représentant au milieu d'un valon sombre, et en lui donnant un riche manteau, qu'en le couvrant d'une étoffe grossière et sacrifiée.

La nature des climats, les mœurs, les caractères, les dignités, ne s'expriment bien que par les couleurs qui sont exclusivement du ressort de la peinture.

Mais la sculpture a aussi ses avantages sur la peinture dans l'expression des grandes passions, parce qu'elle peut présenter sous tous leurs aspects, les formes réelles du personnage qu'anime le génie de l'artiste.

Il est un grand nombre de passions dont l'expression seroit vague et indéterminée si l'on ne mettoit pas les personnages qui les éprouvent en présence des objets qui les leur inspirent.

Comment en effet exprimer l'amour maternel, si on ne place pas l'enfant sous les yeux de sa mère, et l'amour filial si le père n'est en présence de son fils ? l'avarice, si le trésor ou la cassette de celui dont cette vile passion gouverne le cœur, est loin de lui ? Toutes ces affections et beaucoup d'autres ne sont pas susceptibles d'expression pour un personnage isolé, et ne peuvent être caractérisées qu'au moyen d'un groupe, et de quelques accessoires que l'intelligence du peintre doit disposer et placer à propos.

Il est des traits de la face qui sont propres à certains peuples, ou du moins qui leur ont été attribués par l'histoire et par les grands maîtres ; il est permis à un artiste de les varier, sans cependant s'écarter entièrement de l'exemple de ses prédécesseurs, qui doit être une règle pour lui. Il est aussi des gestes, des habitudes du corps qui appartiennent plutôt à certaines classes du peuple qu'à d'autres, ce sont des convenances que tous ceux qui doivent être à la fois nobles et naturels dans leurs expressions doivent observer avec intelligence et ménagement.

Mais, soit qu'on veuille peindre les mœurs et les caractères des peuples anciens ou des peuples modernes ; rien ne contribuera plus à la justesse de l'expression que la disposition, les formes des draperies, des vêtemens en général, et la couleur des étoffes.

Chacun des peuples anciens avoit adopté une forme de costumes qui lui étoit particulière : par la les Romains se distingoient des Grecs, des Gaulois et des Persans, etc., les Athéniens ne s'habilloient pas comme les Spartiates ; enfin chez les Grecs, chaque république avoit son costume particulier : mais chez chacun de ces peuples les classes, dans le costume civil, ne se distinguoient guères que par une certaine diversité dans la richesse et la couleur des étoffes ; il y eut cependant une forme de costume propre à certaine profession.

Chez les peuples modernes de l'Europe, la forme des habits du plus grand nombre ne varie que de très-peu de chose de nation à nation, mais dans chaque nation il s'est introduit tant de professions et de dignités qui ont chacune adopté un costume si différent de celui des autres, qu'il faut en faire une longue étude pour les connoî tre tous : et cependant cette étude est indispensable au peintre qui veut observer scrupuleusement les convenances dans ses expressions. Les costumes de l'Asie tranchent trop évidemment avec ceux de l'Europe, pour qu'il ne soit pas nécessaire et facile d'en observer la différence, quand on veut rendre les mœurs et les caractères des peuples de ces deux parties du monde.

Je borne ici l'examen général de ce qui est relatif à l'éthographie, ou la peinture des mœurs, des caractères et des passions : partie dans laquelle il n'a jamais été donné qu'aux grands génies d'exceller : partie qui exige à la fois de la profondeur, de l'élévation dans les conceptions, ainsi que de la justesse et de la vérité dans l'exécution. Il ne faut pas que, pour donner de la vie et de la chaleur à son tableau, un artiste oublie que l'expression ne devant jamais nuire à la beauté des formes, doit toujours être simple, naturelle et mesurée. L'exagération, loin de donner de l'âme à un tableau, en exclut au contraire toute espèce de chaleur et de vérité, par la même raison qu'en physiologie il est constant que les convulsions supposent l'absence momentanée de la sensibilité et du sentiment. En parlant des productions de l'ancien style des Grecs, Winkelmann a dit, « le Dessin en étoit énergique mais dur; » il étoit fier mais sans grâce, enfin la force » de l'expression y altéroit la beauté de l'en- » semble; » mais lorsque l'art eut été porté à son plus haut degré de perfection, les Grecs étoient si délicats sur la beauté des formes, qu'ils ne souffroient jamais les expressions capables de les altérer; ils vouloient à la fois, dans les ouvrages de leurs artistes, de la vérité et de la noblesse, et ils avoient raison, car si la nature porte quelquefois les passions à des excès capables d'altérer la beauté des formes, ce n'est jamais que dans des sujets ignobles. De tels excès et encore de tels sujets sont indignes d'être imités par l'art, et si le goût doit toujours diriger le peintre dans l'imitation de la nature, c'est surtout lorsqu'il s'agit de l'expression qui est l'esprit de ses productions.

Selon Quintilien, l'expression qui est la partie la plus belle et la plus élevée de la peinture, n'est pourtant pas inaccessible

à un observateur judicieux : pour y arriver,
il suffit de considérer et d'imiter la belle
nature , car les spectateurs sont satisfaits
lorsque dans les choses artificielles ils re-
connoissent cette nature, telle qu'ils ont eu
occasion de la voir quelquefois. Comme ce
sont en poésie les paroles qui sont les inter-
prètes des mouvemens de l'âme, de même
en peinture, ce sont les formes et les couleurs. Mais comment rendre ces formes et
ces couleurs, si nos yeux ne les ont jamais
vues ? il faut donc , pour y parvenir , ou
les observer chez les autres, ou éprouver
soi-même les passions qui les produisent.

Mais comme quelque sûre et fidèle que
puisse être la mémoire d'un artiste, elle ne
le sera jamais assez pour conserver les effets
fugitifs que produisent toutes les passions
qu'il aura eu occasion d'observer ; il doit toujours, soit en les voyant, soit immédiate-
ment après les avoir vus, les tracer sur ses
tablettes.

D'un autre côté, les passions n'étant pas
en notre puissance, comme pour les ren-

dre avec fidélité il est pourtant nécessaire qu'un artiste s'en sente en quelque sorte ému ; comment parviendra-t-il à se procurer cette émotion artificielle ? il faut, dit encore Quintilien, se former des visions, des images des choses absentes, comme si réellement elles étoient encore devant nos yeux ; et celui qui sera parvenu à se former le plus fortement ces visions et ces images, parviendra aussi à exprimer les passions avec le plus de force et de facilité.

On voit par là combien la mémoire et l'imagination, qui sont des qualités de notre esprit, qui servent à nous rappeler ce que nous avons observé dans les autres et dans nous-mêmes, sont essentielles à tout artiste qui veut exceller dans l'expression.

CHAPITRE V.

Des Draperies en général. — Les Draperies contribuent à l'expression des mœurs, des caractères et
des passions. — Elles favorisent l'ordonnance générale du tableau. — De l'usage des mannequins.

§ Ier.

Des Draperies en général.

Le vêtement est devenu chez tous les peuples civilisés le premier besoin de l'homme
après la nourriture, la bienséance et la dé-
cence en réclament l'usage partout où la ri-
gueur des saisons et du climat n'en imposent pas l'impérieuse nécessité. Dans certaines régions, des draperies légères pré-
servent la peau des habitans du contact im-
médiat des rayons d'un soleil dévorant;

dans d'autres, des draperies fourrées et solides servent à les mettre à l'abri des fri-
mas et de l'humidité, à conserver la chaleur naturelle de leur sang. Ainsi la nature
des étoffes a dû nécessairement varier avec
celle des climats, mais elle a subi aussi l'influence du goût, du génie, des mœurs et
des occupations, des différens peuples du
monde ; et chacun d'eux a dû subordonner
la forme, et les étoffes des habillemens, à des
considérations relatives à leur utilité, à leur
commodité et à leur élégance, avant même
que le luxe, la pompe et l'éclat y entras-
sent pour quelque chose. J'ai déjà dit que
l'étude des costumes des différens peuples
du monde étoit nécessaire à tout artiste qui
veut donner à ses personnages non-seulement le caractère de la nation dont il faisoit
partie, mais encore celui du rang qu'il y
occupoit, et des fonctions et de la profession
qu'il y exerçoit.

Comme en peinture on entend par draperies, non-seulement les étoffes dont les
hommes se couvrent, mais encore celles qui

servent à la décoration des appartemens, il
est essentiel que le peintre connoisse la
manière dont les anciens couvroient et fa-
çonnoient leurs meubles, ornoient leurs ha-
bitations; si dans l'exécution de ses tableaux
il ne veut pas commettre des anachronismes
qui le feroient accuser à la fois d'ignorance
et de négligence, quelque .intelligence qu'il
eût montrée d'ailleurs dans le dessin, le coloris, la composition et l'expression. Ce que
je dis ici ne fait que prouver de plus en plus
combien j'ai eu raison de soutenir, que l'é-
tude de l'histoire et celle des poëtes qui élèvent l'âme et agrandissent la pensée, étoit
nécessaire à un artiste qui a la noble ambition d'exceller dans toutes les parties de son
art. D'andré Bardon a laissé un excellent livre sur les costumes des anciens, et je conseille aux élèves de consulter cet ouvrage,
qui a plus contribué à la réputation de son
auteur qu'aucune des productions de son
pinceau. Quant à moi, je ne considérerai ici
les draperies que sous le rapport de leur influence sur l'expression des passions, des

mœurs et des caractères des personnages, et sur l'ordonnance générale d'un tableau.

La nudité des statues ne blessa jamais les yeux , et n'affecta jamais les mœurs ; même dans les temples des anciens, parce qu'on y étoit généralement accoutumé dans la Grèce européenne. « Cependant, selon Paw, » l'usage de représenter les divinités et les » héros sans vêtemens , tiroit son origine » de l'Asie Mineure, et surtout de l'Ionie. » Aux temps de la guere du Péloponèse , » les statuaires d'Athènes donnoient encore » des draperies aux Grâces qu'on n'habilla » jamais plus depuis.

» Les différentes espèces de marbres » blancs qu'on exploitoit dans le continent » et les îles de la Grèce, étoient par leur na- » ture même, plus propres à représenter le » nu que l'étoffe, de quelque manière qu'on » voulût la plisser, et cette observation doit » s'étendre au bronze de Délos , d'Egine et » de Corinthe , qui faisoit contracter aux » draperies les mieux jetées , une rudesse » désagréable. A tout cela se joignoit encore

» l'ambition même des grands sculpteurs,
» qui, pour faire briller la beauté de leur
» art, en écartèrent tout ce qui pouvoit
» diminuer les effets du dessin, et affoi-
» blir la justesse des contours ou l'expres-
» sion des muscles : or rien ne contribuoit
» tant que l'exacte expression des muscles, à
» donner aux statues cette vie et cette action
» que les Grecs savoient si bien leur ins-
» pirer, soit qu'ils voulussent créer un Dieu,
» soit qu'ils voulussent créer un homme. (1)»

La première partie de cette observation quoique due à un homme aussi distingué par l'étendue de son érudition que par la sûreté de son goût dans les ouvrages de l'art, est certainement et précisément à cause de la juste célébrité de son auteur, extrêmement dangereuse, puisqu'elle tend à détourner les élèves de l'étude des antiques sous le rapport de la partie de l'art qui fait l'objet de ce chapitre. Il est cependant

____

(1) OEuvres philosophiques de Paw. Tome 7, page 85 et 86.

vrai de dire que sous le rapport du nu, aussi bien que sous celui des draperies, les chefs-d'œuvre de l'antiquité sont des modèles à suivre, et que l'on s'approchera d'autant plus de la perfection qu'on s'éloignera moins de ces modèles, soit qu'il s'agisse du nu, soit s'agisse de l'étoffe ; et s'il est vrai que le marbre et le bronze des anciens aient été peu propres à représenter les plis des draperies, les anciens n'en sont que plus admirables pour avoir triomphé de toutes les difficultés que leur présentoit la nature de ses substances, et pour nous avoir laissé des statues drapées avec tant de goût, que les plus grands et les plus justement célèbres des peintres de toutes les écoles n'ont pas dédaigné de les étudier : parce que, dans ces chefs-d'œuvre, l'étoffe n'est jamais qu'un voile qui laisse toujours apercevoir le nu, et dont les plis ajoutent à la dignité du personnage sans rien dérober de l'action et de la vie imprimées à ses muscles.

§ II.

Les Draperies contribuent à l'expression des mœurs, des caractères et des passions.

On a déjà vu que les peuples adonnés à la guerre, au commerce, à l'agriculture, à la pratique des arts, à l'étude des sciences, avoient dû adopter des costumes analogues à leurs principales occupations, et qu'il seroit aussi ridicule de donner à un Athénien l'austère manteau d'un Spartiate, qu'à couvrir celui-ci du costume élégant et recherché d'Alcibiade. Aujourd'hui même on ne représenteroit pas un Russe sous l'habit d'un Français, ou un Italien sous celui d'un Helvétien. Ainsi, soit que nous veuillons peindre les mœurs de l'antiquité, soit que nous veuillons représenter celles des peuples modernes, il faudra toujours que nous nous instruisions du costume de chacun d'eux, parce que ce costume fait une partie essentielle de ces mœurs.

Le caractère et les mœurs de chaque personnage lui ont fait contracter d'ailleurs des habitudes et des dispositions particulières, qui ont dû avoir une grande influence sur sa physionomie, et sur la manière particulière dont il portera la draperie propre au peuple dont il fait partie, et au rang qu'il y occupe. Des sectes philosophiques avoient à cet égard même des usages distinctifs qui servoient à les caractériser. Les disciples de Pythagore, de Zénon, d'Epicure, pouvoient bien porter le même costume, mais ils ne le portoient pas de la même manière. César affectoit dans ses vêtemens une élégance, une sorte de majesté populaire, qui étoient bien éloignées du caractère de Brutus et de Cassius, et même du prince des orateurs latins. On peut caractériser un avare, un hypocrite, aussi-bien par l'habitude que les sentimens ont fait contracter aux muscles de sa face, et à tous les membres de son corps que par la manière dont il porte son vêtement ; ainsi l'on voit par là que la draperie contribue beaucoup à l'expression des mœurs et à celle des caractères : elle contribue encore à celle des passions, car la draperie doit participer aux mouvemens violens ou à l'abattement que les affections violentes ou concentrées produisent dans nos organes.

Il est certain que le peintre qui dans ses draperies se conformera le plus à l'exactitude historique, sera aussi celui qui rendra le mieux l'expression des mœurs. Il pourra en éprouver une gêne qui s'étendra sur toute l'ordonnance de sa composition, et nuira à la grâce que l'on est en droit d'attendre dans la disposition des draperies ; mais c'est à son génie, à ses lumières à surmonter les difficultés. Dans tous les cas, les draperies doivent s'accorder aux mouvemens des figures, suivre les inflexions naturelles des membres, et des différentes attitudes du corps, et toujours de manière que les jointures et les emmanchemens ne soient point équivoques, que les draperies même laissent entrevoir le nu, et fassent sentir les attaches par la disposition de leurs plis.

On n'est pas en droit d'exiger du peintre une exactitude trop scrupuleuse dans le costume, ce seroit souvent faire à l'esprit et à l'érudition, le sacrifice du senti-ment, de l'expression et du coloris. Il faut cependant qu'un peintre donne à une nation les vêtemens les plus connus, d'après ce que l'histoire nous en rapporte : aux Romains, ceux qu'ils portoient dans les temps les plus célèbres de leur république. Il seroit injuste d'exiger de lui la recherche de toutes les modes qui se sont introduites en diverses époques dans les usages de ce peuple fameux.

Il aura soin cependant d'observer l'exac-titude dans tout ce qui contribue le plus à l'expression du caractère, de la dignité, et même de l'âge de ses personnages ; et à cet égard, comme à beaucoup d'autres, les ta-bleaux de Raphaël, de Poussin, sont des mo-dèles que je lui propose d'étudier avec soin. Rien, par exemple, ne contribue plus à l'expression des gestes de Romulus, et à l'in-telligence de toute la composition, que le mouvement du manteau de ce premier roi

des Romains, dans le tableau de *l'Enlèvement des Sabines*, par Poussin.

§ III.

*Des Draperies, sous le rapport de l'ordon-
nance générale.*

Le peintre doit avoir arrêté sa composition, et dessiné le nu de ses figures, avant
de s'occuper de ses draperies : car celles-ci
non-seulement ne doivent point cacher les
mouvemens des personnages, mais elles doivent encore, comme je viens de le dire, con-
tribuer à mettre en évidence leurs passions,
leurs sentimens, leurs mœurs et leurs caractères : ce qui ne pourroit pas arriver, si, avant
de dessiner ses draperies, l'artiste n'avoit pas
dessiné le nu sur lequel il doit les jeter de
manière que les yeux du spectateur suivant leurs plis, soient conduits à voir ou à
deviner tout ce qui se passe dans les parties qu'elles recouvrent.

Il ne faut pas cependant qu'aucune partie du vêtement adhère au corps, au point d'y paroître collée ou de l'étreindre, il doit flotter sur le torse et sur les membres, de manière qu'ils y soient à leur aise et paroissent libres dans tous leurs mouvemens.

Sur les parties exposées à une grande lumière, il faut éviter dans la draperie ces ombres trop fortes et trop prononcées, qui paroîtroient la traverser, rompre les membres, et en rendre les mouvemens équivoques ou strapassés. Les plis doivent être en petit nombre, et le peintre doit leur distribuer, avec intelligence et délicatesse, le dégré d'ombre et de lumière qui convient à la masse dont il font partie. Ils doivent, quoique peu nombreux, être diversifiés comme il arrive toujours dans les grandes draperies jetées au hasard; mais si en cela comme en toute autre chose, il faut éviter une froide uniformité, il faut aussi se bien garder de ces contrastes trop prononcés, qui annoncent la recherche et l'afféterie, et n'ont rien de vraisemblable ni de naturel.

La grandeur des plis convient surtout aux draperies des personnages élevés en dignité, ou d'un grand caractère, mais il faut qu'ils soient conformes à la nature des étoffes, qu'ils contribuent à l'expression, et au plus grand avantage de l'ordonnance, soit sous le rapport de la composition poétique, soit sous celui du clair-obscur et du coloris. Les mouvemens des plis contribuent beaucoup à l'expression, puisqu'ils naissent de ceux des membres. Ils font valoir les raccourcis, et servent à les faire sentir lorsqu'ils sont distribués avec intelligence; mais si, sans avoir dessiné le nu, on croyoit parvenir à faire sentir le raccourci d'un membre par des plis ronds et entassés, on se tromperoit grandement, car on ne produiroit qu'une rupture.

Sur une figure calme et sévère, les draperies doivent être en repos, et avoir de la dignité. En général, elles doivent participer aux mouvemens des personnages, et on doit les voir agitées dans les actions résultant des passions violentes, telles que la colère, la fureur, etc.; en cela, elles contribuent beaucoup à rendre l'expression vraie, sensible et intelligible. J'ai déjà dit quel heureux parti Polygnote avoit su tirer du voile dont il avoit couvert le visage de Cassandre, dans son tableau du *Sac de Troie.* Un autre peintre de l'antiquité n'en tira pas un moins heureux du manteau d'Agamemnon. Il avoit à représenter ce roi des rois de la Grèce, assistant au sacrifice de sa fille Iphigénie; comment peindre la douleur d'un père, qui voit, sous ses propres yeux, immoler sa fille sur l'autel des dieux? Nul trait, nul mouvement, nulle altération du visage n'auroit pu rendre l'état d'un cœur paternel dans une situation aussi déchirante; l'artiste auroit pu représenter son personnage, détournant avec horreur les yeux de cette scène affreuse, le plus grand nombre auroient sans doute pris ce parti; mais celui dont il s'agit, mieux inspiré, peignit Agamemnon s'enveloppant la tête de son manteau, et par ce trait de génie, qui fut admiré de l'antiquité, il sauva la dignité qu'un roi doit toujours garder dans ses gestes et ses attitudes , et il rendit beaucoup mieux qu'il n'auroit pu le faire autrement , toute l'horreur que doit inspirer à un père la mort de sa fille innocente.

Le moyen d'animer les draperies comme les figures, consiste surtout à leur imprimer des mouvemens non encore terminés , mais ces mouvemens sont toujours d'autant plus difficiles à rendre qu'ils doivent être vrais , et que le peintre n'a jamais que le moment rapide d'un coup d'œil pour en saisir l'apropos et la vérité.

« Il est bon quelquefois , dit Depiles, de
» tirer des plis en certains endroits, et d'en
» introduire d'autres de forme convenable
» à l'intention du peintre, ou pour étendre la
» lumière ou pour remplir des vides qui se
» trouvent en quelques attitudes, ou pour
» accompagner les figures, ou pour leur ser-
» vir d'un fond doux , ou pour empêcher
» que leurs tournans ne finissent et ne tom-
» bent dans une trop grande crudité (1). »

1) Cours de peinture, page 183.

Mais il est facile de sentir que ces conseils ou plutôt ces préceptes sont contraires en tout aux premières lois de la peinture, qui veulent que jamais, en quoi que ce soit, l'artiste ne s'écarte de la vérité et de l'imitation de la belle nature. Si, pour remplir des vides, ou dans toute autre intention que ce soit, j'introduis dans une draperie des plis qu'elle ne doit pas faire dans la circonstance donnée, il est certain que je dois lui imprimer un mouvement contraire à celui du personnage, ou à la nature de l'étoffe, et que, dans ce cas, pour flatter l'œil du spectateur par une lumière plus étendue, ou par un contour plus moëlleux, je blesse les lois de la raison et du bon sens, en m'écartant de la vérité et de la nature.

C'est une règle générale, et dont il ne faut jamais s'écarter, que celle qu'a suivie l'école romaine dans le temps de sa gloire. Cette règle consistoit à donner aux personnages des draperies conformes à leur rang, leur âge et leur dignité, et de n'imprimer à ces

draperies, que des plis analogues à la nature
des étoffes dont elles étoient composées ,
des mouvemens conformes aux actions des
personnages qui en étoient couverts, et propres à mieux faire sentir et leurs actions et
les sentimens par lesquels elles étoient ins-
pirées.

Raphaël , Poussin , M. David, ne se sont
jamais écartés de cette maxime, parce qu'ils
ont senti que s'il est permis à l'art, s'il est
même quelquefois du devoir de l'artiste
d'embellir la nature , il lui est toujours inter-
dit de la rendre contrefaite et de la ployer à
ses caprices , ou au desir ridicule de produire à contre-sens un effet brillant. C'est parce que leurs draperies sont toujours vraies
et naturelles , c'est parce que les plis qu'ils
leur ont imprimés se reproduiront toujours
dans les mêmes mouvemens et dans les
mêmes circonstances, que ces artistes feront
toujours l'admiration des connoisseurs, et le
désespoir de ceux qui ont la prétention
de s'écarter de la simplicité d'imitation

dans laquelle ces étonnans génies n'ont pas dédaigné de se renfermer.

En peinture, comme en littérature, c'est en voulant s'élever au-dessus de la simple nature, qu'on tombe dans l'abîme de l'absurdité.

§ IV.

De la Nature des Étoffes.

Je me bornerai à citer ce que dit Depiles, sur cette matière, et à faire sur sa manière de voir à cet égard, quelques réflexions qui suffiront pour faire sentir combien elle est erronée, et pour remettre le lecteur sur la voie de la vérité.

« Parmi tant de choses différentes qui
» plaisent dans la composition d'un tableau
» la variété des draperies n'est pas ce qui con-
» tribue le moins à cet agrément. L'ordre et
» le contraste des plis en font une partie,
» mais ce n'est pas assez que les étoffes soient

» jetées diversement, il faut encore qu'elles
» soient entre elles d'une nature différente,
» autant que le sujet le pourra souffrir. La
» laine, le lin, le coton et la soie employés
» de mille manières par les ouvriers, donnent
» au peintre une ample matière d'exercer
» son choix. C'est un puissant moyen pour
» introduire dans ses ouvrages une diversité
» d'autant plus nécessaire, qu'elle fait éviter
» une ennuyeuse répétition de plis d'une
» même nature, surtout dans les tableaux
» de plusieurs figures. Il y a des étoffes qui
» font des plis cassés, d'autres étoffes en font
» de moëlleux ; il y a encore des étoffes dont
» la superficie est mate, d'autres dont elle
» est luisante ; les unes sont fines et trans-
» parentes, les autres plus fermes et plus
» solides. Toute cette variété, ou séparée
» dans diverses figures, ou pratiquée dans
» une seule, selon les sujets, fait toujours une
» sensation très-agréable.

» L'usage ordinaire d'une même étoffe,
» dans les figures d'un même tableau, est
» un défaut où sont tombés la plupart des

» peintres de l'école romaine, et où tom-
» bent tous ceux qui peignent de pratique,
» ou qui réduisent l'imitation du naturel à
» l'habitude qu'ils ont contractée.

» Le peintre ingénieux fera donc son pos-
» sible pour trouver occasion d'introduire
» dans ses draperies en général , cette heu-
» reuse diversité dont je viens de parler;
» mais qu'il se souvienne surtout qu'elle est
» indispensable en particulier dans la diffé-
» rence des âges, des sexes et des conditions.»

Il n'est pas étonnant que Depiles, qui regardoit le coloris comme la partie la plus
essentielle de la peinture, qui ne voyant en
elle qu'un art propre à flatter les yeux, sans
rien dire à l'âme, ni au cœur, ait pu éta-
blir des principes aussi dangereux, surtout
dans un temps où les héros et les héroïnes
de l'antiquité, paroissoient sur nos théâtres
en habits de velours ou de satin brodés ,
en perruques poudrées et en vertugadin.

Le reproche qu'il fait à l'école romaine
est précisément ce que l'on peut dire de plus

favorable au bon goût qui y régnoit, ainsi qu'au génie qui présidoit à ses compositions.

Si le grand tableau de Paul Véronèse, qui représente les *Noces de Cana*, flatte l'œil, et par la magnificence de son ciel et de ses fabriques, ainsi que par l'éclat extrêmement diversifié des étoffes, dont sont vêtus les personnages qui le composent; si enfin rien ne surpasse, rien n'égale même l'effet que produit sur l'œil cet immense tableau; n'est-il pas vrai que d'un autre côté il révolte la raison et le bon sens, par le moyen même que le peintre a mis en usage pour produire cet étonnant effet?

Tandis que l'école romaine, profitant des lumières du temps, et des exemples des statuaires de l'antiquité, faisoit consister le principal mérite d'un tableau dans la composition, l'expression et le Dessin, dans la simplicité et la vérité des draperies et de leurs plis; tandis qu'en représentant et les mystères et les grands faits du christianisme, avec la noble et majestueuse simplicité qui leur conviennent, avec la vérité de sentiment et d' expression qui devroit en faire le caractère; tandis qu'en ne couvrant les personnages qu'elle faisoit entrer dans ses compositions que d'étoffes grossières telles qu'on les portoit de leur temps, elle rendoit à la religion les services les plus importans, faisoit mieux sentir ce qu'elle a de touchant et de sublime dans sa céleste simplicité, et portoit en un mot dans tous les cœurs, par le sens de la vue, tout ce que sa morale a de doux et de consolant; l'école de Venise s'écartant à la fois et dans le Dessin et dans l'expression, et dans la composition de la vérité que le génie seul peut saisir, quoique la nature la présente tous les jours, cherchoit à remplacer par une réunion bizarre d'étoffes éclatantes, par une variété plus bizarre encore de couleurs, ce qui manquoit à ses tableaux de sentiment et de vérité. Aussi ne produisoit-elle que des compositions tumultueuses, des effets magiques; elle fascinoit les yeux, mais elle ne disoit rien au cœur ni à l'esprit: elle rendoit les scènes religieuses magnifiques mais non pas touchantes: elle produisoit de vains prestiges, tandis que celle de Rome faisoit des miracles.

On voit dans un tableau de l'école française, Jésus-Christ couvert d'une robe de satin bleu : c'est recourir au mensonge pour produire un effet ridicule dans une scène imposante par sa nature, et qui n'avoit besoin que d'être rendue avec vérité et avec goût pour être divine.

Quand on peint une scène historique, autant pour la forme que pour la nature et la couleur des draperies, il faut nécessairement se conformer aux mœurs et aux usages du temps, et pour pouvoir s'y conformer il faut s'en instruire. Cette diversité d'étoffes et de couleurs, tant recommandée par Depiles, est-elle donc d'un effet aussi merveilleux pour la vue que cet écrivain le prétend ? Ne la fatigue-t-elle pas en l'éblouissant, plus qu'elle ne l'attache en l'attirant, et n'a-t-on pas vu d'un coup d'œil une peinture qui ne parle qu'à l'œil ?

Dans la collection des tableaux où Le

Sueur a représenté la vie de saint Bruno, je préfère à tous les autres, même sous le rapport de la couleur, celui où je ne vois que des robes de chartreux, éclairées par des flambeaux.

Dans les scènes prises dans la classe commune des hommes, on peut, j'en conviens, sans blesser la raison, introduire beaucoup d'étoffes différentes sous le rapport de leurs tissus et de leurs couleurs; mais dans ces cas même, il ne faut pas être prodigue, et se souvenir qu'un tableau n'est pas un parterre.

Presque tous les peintres sont dans l'usage de jeter les draperies sur des mannequins; mais ils risquent de leur donner l'immuabilité qu'elles y contractent, ils feroient mieux, je pense, de les jeter sur un modèle vivant auquel ils feroient prendre, quitter et reprendre souvent les attitudes et les mouvemens qu'ils prétendent donner à leurs personnages.

FIN DU PREMIER VOLUME.

TABLE

DES CHAPITRES

CONTENUS DANS CE VOLUME.

FIN DE LA TABLE DU PREMIER VOLUME.